PREFÁCIO

A coleção de frases de viagem "Vai tudo correr bem!" publicada pela T&P Books é concebida para pessoas que vão ao estrangeiro em viagens de turismo e negócios. Os livros de frases contêm o que é mais importante - o essencial para uma comunicação básica. Este é um conjunto indispensável de frases para "sobreviver" no estrangeiro.

Este Guia de Conversação irá ajudá-lo na maioria das situações em que precise de perguntar alguma coisa, obter direções, saber quanto custa algo, etc. Pode também resolver situações de difícil comunicação onde os gestos simplesmente não ajudam.

Este livro contém uma série de frases que foram agrupadas de acordo com os tópicos mais relevantes. Uma secção separada do livro também fornece um pequeno dicionário com mais de 1.500 palavras importantes e úteis.

Leve consigo para a estrada o Guia de Conversação "Vai tudo correr bem!" e terá um companheiro de viagem insubstituível, que irá ajudá-lo a encontrar o seu caminho em qualquer situação e ensiná-lo a não recear falar com estrangeiros.

TABELA DE CONTEÚDOS

T&P Books Publishing

T&P Books Publishing

GUIA DE CONVERSAÇÃO
— ÁRABE —

AS PALAVRAS E AS FRASES MAIS ÚTEIS

Este guia de conversação
contém frases e perguntas
comuns essenciais para uma
comunicação básica
com estrangeiros

Andrey Taranov

T&P BOOKS

Frases + dicionário de 1500 palavras

Guia de Conversação Português-Árabe e dicionário conciso 1500 palavras

Por Andrey Taranov

A coleção de frases de viagem "Vai tudo correr bem!" publicada pela T&P Books é concebida para pessoas que vão ao estrangeiro em viagens de turismo e negócios. Os livros de frases contêm o que é mais importante - o essencial para uma comunicação básica. Este é um conjunto indispensável de frases para "sobreviver" no estrangeiro.

Outra secção do livro também fornece um pequeno dicionário com mais de 1.500 palavras úteis, organizadas por ordem alfabética. O dicionário inclui muitos termos gastronômicos e será útil quando pedir comida num restaurante ou comprar alimentos numa loja.

Editora T&P Books
www.tpbooks.com

ISBN: 978-1-78716-954-8

Este livro também está disponível em formato E-book.
Por favor visite www.tpbooks.com ou as principais livrarias on-line.

PRONÚNCIA

Alfabeto fonético T&P	Exemplo Árabe	Exemplo Português
[a]	[ṭaffa] طَفَّى	chamar
[â]	[ixtār] إختار	rapaz
[e]	[hamburger] هامبورجر	metal
[i]	[zifāf] زفاف	sinónimo
[ī]	[abrīl] أبريل	cair
[u]	[kalkutta] كلكتا	bonita
[ū]	[ʒāmūs] جاموس	trabalho
[b]	[bidāya] بداية	barril
[d]	[saʿāda] سعادة	dentista
[ḍ]	[waḍ'] وضع	[d] faringealizaçãda
[ʒ]	[arʒantīn] الأرجنتين	talvez
[ð]	[tiðkār] تذكار	[th] faringealizaçãdo
[z]	[zahar] ظهر	[z] faringealizaçãda
[f]	[xafif] خفيف	safári
[g]	[gūlf] جولف	gosto
[h]	[ittiʒāh] إتّجاه	[h] aspirada
[ḥ]	[aḥabb] أحبّ	[h] faringealizaçãda
[y]	[ðahabiy] ذهبيّ	géiser
[k]	[kursiy] كرسيّ	kiwi
[l]	[lamaḥ] لمح	libra
[m]	[marṣad] مرصد	magnólia
[n]	[ʒanūb] جنوب	natureza
[p]	[kaputʃīnu] كابتشينو	presente
[q]	[waθiq] وثق	teckel
[r]	[rūḥ] روح	riscar
[s]	[suxriyya] سخريّة	sanita
[ṣ]	[miʿṣam] معصم	[s] faringealizaçãda
[ʃ]	[ʿaʃāʾ] عشاء	mês
[t]	[tannūb] تنّوب	tulipa
[ṭ]	[xarīṭa] خريطة	[t] faringealizaçãda
[θ]	[mamūθ] ماموث	[s] - fricativa dental surda não-sibilante
[v]	[vitnām] فيتنام	fava
[w]	[waddaʿ] ودّع	página web
[x]	[baxīl] بخيل	fricativa uvular surda
[ɣ]	[taɣadda] تغدّى	agora

Alfabeto fonético T&P	Exemplo Árabe	Exemplo Português
[z]	ماعز [māʻiz]	sésamo
[ʕ] (ayn)	سبعة [sabʻa]	fricativa faríngea sonora
[ʔ] (hamza)	سأل [saʔal]	oclusiva glotal

LISTA DE ABREVIATURAS

Abreviaturas do Árabe

du	-	substantivo plural (duplo)
f	-	nome feminino
m	-	nome masculino
pl	-	plural

Abreviaturas do Português

adj	-	adjetivo
adv	-	advérbio
anim.	-	animado
conj.	-	conjunção
desp.	-	desporto
etc.	-	etecetra
ex.	-	por exemplo
f	-	nome feminino
f pl	-	feminino plural
fem.	-	feminino
inanim.	-	inanimado
m	-	nome masculino
m pl	-	masculino plural
m, f	-	masculino, feminino
masc.	-	masculino
mat.	-	matemática
mil.	-	militar
pl	-	plural
prep.	-	preposição
pron.	-	pronome
sb.	-	sobre
sing.	-	singular
v aux	-	verbo auxiliar
vi	-	verbo intransitivo
vi, vt	-	verbo intransitivo, transitivo
vp	-	verbo pronominal
vt	-	verbo transitivo

T&P BOOKS

GUIA DE CONVERSAÇÃO ÁRABE

Esta secção contém frases importantes que podem vir a ser úteis em várias situações da vida real.
O Guia de Conversação irá ajudá-lo a pedir orientações, esclarecer um preço, comprar bilhetes e pedir comida num restaurante

T&P Books Publishing

CONTEÚDO DO GUIA DE CONVERSAÇÃO

T&P Books Publishing

Desculpe, ...	ba'd ezznak, ... بعد إذنك، ...
Olá!	ahlan أهلا
Obrigado /Obrigada/.	ʃokran شكراً
Adeus.	ella alliqā' إلى اللقاء
Sim.	aywā أيوة
Não.	la'a لأ
Não sei.	ma'raʃʃ ما أعرفش
Onde? | Para onde? | Quando?	feyn? | lefeyn? | emta? إمتى؟ ا لفين؟ ا فين؟
Preciso de ...	meḥtāg ... محتاج ...
Eu queria ...	'āyez ... عايز ...
Tem ...?	ya tara 'andak ...? يا ترى عندك... ؟
Há aqui ...?	feyh hena ...? فيه هنا ...؟
Posso ...?	momken ...? ممكن ...؟
..., por favor	... men faḍlak من فضلك ...
Estou à procura de ...	ana badawwar 'la ... أنا بادور على ...
casa de banho	ḥammām حمام
Multibanco	makīnet ṣarraf 'āaly ماكينة صراف آلي
farmácia	ṣaydaliya صيدلية
hospital	mostaʃfa مستشفى
esquadra de polícia	'essm el ʃorṭa قسم شرطة
metro	metro el anfā' مترو الأنفاق

táxi	taksi تاكسي
estação de comboio	mahattet el 'attr محطة القطر

Chamo-me ...	essmy ... إسمي...
Como se chama?	essmak eyh? اسمك إيه؟
Pode-me dar uma ajuda?	te'ddar tesā'dny? تقدر تساعدني؟
Tenho um problema.	ana 'andy moʃkela أنا عندي مشكلة
Não me sinto bem.	ana ta'bān أنا تعبان
Chame a ambulância!	otlob 'arabeyet es'āf! !أطلب عربية إسعاف
Posso fazer uma chamada?	momken a'mel mokalma telefoniya? ممكن أعمل مكالمة تليفونية؟

Desculpe.	ana 'āssif أنا آسف
De nada.	el 'afw العفو

eu	ana أنا
tu	enta أنت
ele	howwa هو
ela	hiya هي
eles	homm هم
elas	homm هم
nós	ehna احنا
vocês	entom انتم
você	haddretak حضرتك

ENTRADA	doχūl دخول
SAÍDA	χorūg خروج
FORA DE SERVIÇO	'attlān عطلان
FECHADO	moχlaq مغلق

ABERTO

maftūḥ

مفتوح

PARA SENHORAS

lel sayedāt

للسيدات

PARA HOMENS

lel regāl

للرجال

Perguntas

Onde?	feyn? **فين؟**
Para onde?	lefeyn? **لفين؟**
De onde?	men feyn? **من فين؟**
Porquê?	leyh? **ليه؟**
Porque razão?	le'ayī sabab? **لأي سبب؟**
Quando?	emta? **إمتى؟**

Quanto tempo?	leḥadd emta? **لحد إمتى؟**
A que horas?	fi ayī sāʿa? **في أي ساعة؟**
Quanto?	bekām? **بكام؟**
Tem ...?	ya tara ʿandak ...? **يا ترى عندك ...؟**
Onde fica ...?	feyn ...? **فين ...؟**

Que horas são?	el sāʿa kām? **الساعة كام؟**
Posso fazer uma chamada?	momken aʿmel moḳalma telefoniya? **ممكن أعمل مكالمة تليفونية؟**
Quem é?	meyn henāk? **مين هناك؟**
Posso fumar aqui?	momken addaχen hena? **ممكن أدخن هنا؟**
Posso ...?	momken ...? **ممكن ...؟**

Necessidades

Eu gostaria de …	aḥebb …
	… أحب
Eu não quero …	meʃ ʿāyiz …
	… مش عايز
Tenho sede.	ana ʿaṭʃān
	أنا عطشان
Eu quero dormir.	ʿāyez anām
	عايز أنام

Eu queria …	ʿāyez …
	… عايز
lavar-me	atʃaṭṭaf
	أتشطف
escovar os dentes	aɣsel senāny
	أغسل سناني
descansar um pouco	artāḥ ʃwaya
	أرتاح شوية
trocar de roupa	aɣayar hodūmy
	أغير هدومي

voltar ao hotel	argaʿ lel fondoq
	أرجع للفندق
comprar …	ʃerāʾ …
	… شراء
ir para …	arūḥ le…
	…أروح لـ
visitar …	azūr …
	… أزور
encontrar-me com …	aʿābel …
	… أقابل
fazer uma chamada	aʿmel mokalma telefoniya
	أعمل مكالمة تليفونية

Estou cansado /cansada/.	ana taʿbān
	أنا تعبان
Nós estamos cansados /cansadas/.	eḥna taʿbānīn
	إحنا تعبانين
Tenho frio.	ana bardān
	أنا بردان
Tenho calor.	ana ḥarran
	أنا حران
Estou bem.	ana kowayes
	أنا كويس

Preciso de telefonar.	mehtāg a'mel mokalma telefoneya
	محتاج أعمل مكالمة تليفونية
Preciso de ir à casa de banho.	mehtāg arūh el hammam
	محتاج أروح الحمام
Tenho de ir.	lāzem amʃy
	لازم أمشي
Tenho de ir agora.	lāzem amʃy dellwa'ty
	لازم أمشي دلوقتي

Perguntando por direções

Desculpe, ...	ba'd ezznak, ... بعد إذنك، ...
Onde fica ...?	feyn ...? فين ...؟
Para que lado fica ...?	meneyn ...? منين ...؟
Pode-me dar uma ajuda?	momken tesā'edny, men faḍlak? ممكن تساعدني، من فضلك؟
Estou à procura de ...	ana badawwar 'la ... أنا بادور على ...
Estou à procura da saída.	baddawwar 'la ṭarīq el χorūg بادور على طريق الخروج
Eu vou para ...	ana rāyeḥ le... أنا رايح لـ...
Estou a ir bem para ...?	ana māʃy fel ṭarīq el ṣaḥḥ le ...? أنا ماشي في الطريق الصح لـ... ؟
Fica longe?	howwa be'īd? هو بعيد؟
Posso ir até lá a pé?	momken awṣal ḥenāk māʃy? ممكن أوصل هناك ماشي؟
Pode-me mostrar no mapa?	momken tewarrīny 'lal χarīṭa? ممكن توريني على الخريطة؟
Mostre-me onde estamos de momento.	momken tewarrīny eḥna feyn dellwa'ty? ممكن توريني إحنا فين دلوقتي؟
Aqui	hena هنا
Ali	henāk هناك
Por aqui	men hena من هنا
Vire à direita.	oddχol yemīn ادخل يمين
Vire à esquerda.	oddχol ʃemal ادخل شمال
primeira (segunda, terceira) curva	awwel (tāny, tālet) ʃāre' أول (تاني، تالت) شارع

para a direita	'lal yemīn
	على اليمين
para a esquerda	'lal ʃemal
	على الشمال
Vá sempre em frente.	'la ṭūl
	على طول

Sinais

BEM-VINDOS!	marḥaba مرحبا
ENTRADA	doχūl دخول
SAÍDA	χorūg خروج
EMPURRAR	eddfaʿ إدفع
PUXAR	ess-ḥab إسحب
ABERTO	maftūḥ مفتوح
FECHADO	moχlaq مغلق
PARA SENHORAS	lel sayedāt للسيدات
PARA HOMENS	lel regāl للرجال
HOMENS, CAVALHEIROS (m)	el sāda السادة
SENHORAS (f)	el sayedāt السيدات
DESCONTOS	taχfīḍāt تخفيضات
SALDOS	okazyōn اوكازيون
GRATUITO	maggānan مجانا
NOVIDADE!	gedīd! جديد!
ATENÇÃO!	ennttabeh! إنتبه!
NÃO HÁ VAGAS	mafīʃ makān ما فيش مكان
RESERVADO	maḥgūz محجوز
ADMINISTRAÇÃO	el edāra الإدارة
ACESSO RESERVADO	lel ʿāmelīn faqaṭ للعاملين فقط

CUIDADO COM O CÃO	ehhtaress men el kalb! إحترس من الكلب!
NÃO FUMAR!	mammnū' el tadχīn! ممنوع التدخين!
NÃO MEXER!	mammnū' el lammss! ممنوع اللمس!
PERIGOSO	χatīr خطير
PERIGO	χatar خطر
ALTA TENSÃO	gohd 'āly جهد عالي
PROIBIDO NADAR	mammnū' el sebāha! ممنوع السباحة!

FORA DE SERVIÇO	'attlān عطلان
INFLAMÁVEL	qābel lel eʃte'āl قابل للإشتعال
PROIBIDO	mammnū' ممنوع
PASSAGEM PROIBIDA	mammnū' el taχatty! ممنوع التخطي!
PINTADO DE FRESCO	talā' hadiis طلاء حديث

FECHADO PARA OBRAS	moχlaq lel tagdedāt مغلق للتجديدات
TRABALHOS NA VIA	aʃχāl fel tarīq أشغال في الطريق
DESVIO	monhany منحنى

Transportes. Frases gerais

avião	ṭayāra طيارة
comboio	'attr قطر
autocarro	otobiis اوتوبيس
ferri	safīna سفينة
táxi	taksi تاكسي
carro	'arabiya عربية

horário	gadwal جدول
Onde posso ver o horário?	a'dar aʃūf el gadwal feyn? أقدر أشوف الجدول فين؟
dias de trabalho	ayām el oṣṣbūʿ أيام الأسبوع
fins de semana	nehāyet el osbūʿ نهاية الأسبوع
férias	el 'agazāt الأجازات

PARTIDA	el saffar السفر
CHEGADA	el wosūl الوصول
ATRASADO	mett'xara متأخرة
CANCELADO	molɣā ملغاه

próximo (comboio, etc.)	el gayī الجاي
primeiro	el awwel الأول
último	el 'axīr الأخير

Quando é o próximo ...?	emta el ... elly gayī? إللي جاي؟ ... إمتى الـ
Quando é o primeiro ...?	emta awwel ...? إمتى اول ...؟

Quando é o último ...?

emta 'āχer ...?

إمتى آخر ...؟

transbordo

tabdīl

تبديل

fazer o transbordo

abaddel

أبدل

Preciso de fazer o transbordo?

hal ahtāg le tabdīl el...?

هل أحتاج لتبديل الـ...؟

Comprando bilhetes

Onde posso comprar bilhetes?	meneyn momken aʃtery tazāker? منين ممكن أشتري تذاكر؟
bilhete	tazzkara تذكرة
comprar um bilhete	ʃerāʾ tazāker شراء تذاكر
preço do bilhete	asʿār el tazāker أسعار التذاكر
Para onde?	lefeyn? لفين؟
Para que estação?	leʾayī maḥatṭa? لأي محطة؟
Preciso de ...	meḥtāg ... محتاج ...
um bilhete	tazzkara waḥda تذكرة واحدة
dois bilhetes	tazzkarteyn تذكرتين
três bilhetes	talat tazāker تلات تذاكر
só de ida	zehāb faqaṭṭ ذهاب فقط
de ida e volta	zehāb we ʿawda ذهاب وعودة
primeira classe	daraga ūla درجة أولى
segunda classe	daraga tanya درجة ثانية
hoje	el naharda النهاردة
amanhã	bokra بكرة
depois de amanhã	baʿd bokra بعد بكرة
de manhã	el sobḥ الصبح
à tarde	baʿd el ẓohr بعد الظهر
ao fim da tarde	bel leyl بالليل

lugar de corredor	korsy mammar
	كرسي ممر
lugar à janela	korsy ʃebbāk
	كرسي شباك
Quanto?	bekām?
	بكام؟
Posso pagar com cartão de crédito?	momken addfa' be kart e'temān?
	ممكن أدفع بكارت إئتمان؟

Autocarro

autocarro	el otobiis
	الأوتوبيس
camioneta (autocarro interurbano)	otobiis beyn el moddon
	أوتوبيس بين المدن
paragem de autocarro	mahattet el otobiis
	محطة الأوتوبيس
Onde é a paragem de autocarro mais perto?	feyn aqrab mahattet otobiis?
	فين أقرب محطة أوتوبيس؟

número	raqam
	رقم
Qual o autocarro que apanho para ...?	'āχod ayī otobiis le ...?
	أخذ أي اوتوبيس لـ...؟
Este autocarro vai até ...?	el otobiis da beyrūh ...?
	الأوتوبيس دة بيروح ...؟
Com que frequência passam os autocarros?	el otobiis beyīgi kol 'add eyh?
	الأوتوبيس بيجي كل قد إيه؟

de 15 em 15 minutos	kol χamasstāʃar daqīqa
	كل 15 دقيقة
de meia em meia hora	kol noṣṣ sā'a
	كل نص ساعة
de hora a hora	kol sā'a
	كل ساعة
várias vezes ao dia	kaza marra fel yome
	كذا مرة في اليوم
... vezes ao dia	... marrat fell yome
	مرات في اليوم ...

horário	gadwal
	جدول
Onde posso ver o horário?	a'dar aʃūf el gadwal feyn?
	أقدر أشوف الجدول فين؟
Quando é o próximo autocarro?	emta el otobīss elly gayī?
	إمتى الأتوبيس اللي جاي؟
Quando é o primeiro autocarro?	emta aγwel otobiis?
	إمتى أول أوتوبيس؟
Quando é o último autocarro?	emta 'āχer otobiis?
	إمتى آخر أوتوبيس؟

paragem	mahatta
	محطة
próxima paragem	el mahatta el gaya
	المحطة الجاية

última paragem

axer mahatta
آخر محطة (أخر الخط)

Pare aqui, por favor.

laww samaht, wa'eff hena
لو سمحت، وقف هنا

Desculpe, esta é a minha paragem.

ba'd ezznak, di mahattetti
بعد إذنك، دي محطتي

Comboio

comboio	el 'attr القطر
comboio sub-urbano	'attr el dawāhy قطر الضواحي
comboio de longa distância	'attr el masāfāt el tawīla قطر المسافات الطويلة
estação de comboio	mahattet el 'attr محطة القطر
Desculpe, onde fica a saída para a plataforma?	ba'd ezznak, meneyn el tarīq lel rasīf بعد إذنك، منين الطريق للرصيف؟
Este comboio vai até ...?	el 'attr da beyrūh ...? القطر دة بيروح ...؟
próximo comboio	el 'attr el gayī? القطر الجاي؟
Quando é o próximo comboio?	emta el 'attr elly gayī? إمتى القطر إللي جاي؟
Onde posso ver o horário?	a'dar aʃūf el gadwal feyn? أقدر أشوف الجدول فين؟
Apartir de que plataforma?	men ayī rasīf? من أي رصيف؟
Quando é que o comboio chega a ...?	emta yewsal el 'attr ...? إمتى يوصل القطر ... ؟
Ajude-me, por favor.	argūk sā'dny ارجوك ساعدني
Estou à procura do meu lugar.	baddawwar 'lal korsy betā'y بادور على الكرسي بتاعي
Nós estamos à procura dos nossos lugares.	ehna benndawwar 'la karāsy إحنا بندور على كراسي
O meu lugar está ocupado.	el korsy betā'i maʃɣūl الكرسي بتاعي مشغول
Os nossos lugares estão ocupados.	karaseyna maʃɣūla كراسينا مشغولة
Peço desculpa mas este é o meu lugar.	'ann ezznak, el korsy da betā'y عن إذنك، الكرسي دة بتاعي
Este lugar está ocupado?	el korsy da mahgūz? الكرسي دة محجوز؟
Posso sentar-me aqui?	momken a''od hena? ممكن أقعد هنا؟

No comboio. Diálogo (Sem bilhete)

Bilhete, por favor.
tazāker men faḍlak
تذاكر من فضلك

Não tenho bilhete.
ma'andīʃ tazzkara
ما عنديش تذكرة

Perdi o meu bilhete.
tazzkarty ḍā'et
تذكرتي ضاعت

Esqueci-me do bilhete em casa.
nesīt tazkarty fel beyt
نسيت تذكرتي في البيت

Pode comprar um bilhete a mim.
momken teʃtery menny tazkara
ممكن تشتري مني تذكرة

Terá também de pagar uma multa.
lāzem teddfa' ɣarāma kaman
لازم تدفع غرامة كمان

Está bem.
tamām
تمام

Onde vai?
enta rāyeḥ feyn?
إنت رايح فين؟

Eu vou para …
ana rāyeḥ le...
أنا رايح لـ...

Quanto é? Eu não entendo.
bekām? ana meʃ fāhem
بكام؟ أنا مش فاهم

Escreva, por favor.
ektebha laww samaḥt
إكتبها لو سمحت

Está bem. Posso pagar com cartão de crédito?
tamām. momken addfa' be kredit kard?
تمام. ممكن أدفع بكريدت كارد؟

Sim, pode.
aywā momken
أيوة ممكن

Aqui tem a sua fatura.
ettfaḍḍal el īsāl
اتفضل الإيصال

Desculpe pela multa.
'āssef beҳeṣūṣ el ɣarāma
آسف بخصوص الغرامة

Não tem mal. A culpa foi minha.
mafīʃ moʃkela. di ɣaltety
ما فيش مشكلة. دي غلطتي

Desfrute da sua viagem.
esstammte' be reḥlatek
استمتع برحلتك

Taxi

táxi	taksi
	تاكسي
taxista	sawwā' el taksi
	سواق التاكسي
apanhar um táxi	'āχod taksi
	آخد تاكسي
paragem de táxis	maw'af taksi
	موقف تاكسي
Onde posso apanhar um táxi?	meneyn āχod taksi?
	منين آخد تاكسي؟

chamar um táxi	an taṭṭlob taksi
	أن تطلب تاكسي
Preciso de um táxi.	aḥtāg taksi
	أحتاج تاكسي
Agora.	al'āan
	الآن
Qual é a sua morada?	ma howa 'ennwānak?
	ما هو عنوانك؟
A minha morada é ...	'ennwāny fi ...
	عنواني في ...
Qual o seu destino?	ettegāhak?
	إتجاهك؟
Desculpe, ...	ba'd ezznak, ...
	بعد إذنك، ...
Está livre?	enta fāḍy?
	إنت فاضي؟
Em quanto fica a corrida até ...?	bekām arūh...?
	بكام أروح...؟
Sabe onde é?	te'raf hiya feyn?
	تعرف هي فين؟

Para o aeroporto, por favor.	el maṭār men faḍlak
	المطار من فضلك
Pare aqui, por favor.	wa'eff hena, laww samaḥt
	وقف هنا، لو سمحت
Não é aqui.	meʃ hena
	مش هنا
Esta morada está errada. (Não é aqui)	da 'enwān ɣalat
	دة عنوان غلط
Vire à esquerda.	oddχol ʃemal
	ادخل شمال
Vire à direita.	oddχol yemīn
	ادخل يمين

Quanto lhe devo?	'layī līk ḳām?
	علىّ لك كام؟
Queria fatura, por favor.	'āyez īṣāl men faḍlak.
	عايز إيصال، من فضلك.
Fique com o troco.	ḳally el bā'y
	خللي الباقي

Espere por mim, por favor.	momken tesstannāny laww samaḥt?
	ممكن تستناني لو سمحت؟
5 minutos	ḳamas daqā'eq
	خمس دقائق
10 minutos	'aʃar daqā'eq
	عشر دقائق
15 minutos	rob' sā'a
	ربع ساعة
20 minutos	telt sā'a
	تلت ساعة
meia hora	noṣṣ sā'a
	نص ساعة

Hotel

Olá!	ahlan أهلا
Chamo-me ...	essmy ... إسمي ...
Tenho uma reserva.	'andy ḥaggz عندي حجز
Preciso de ...	meḥtāg ... محتاج ...
um quarto de solteiro	γorfa moffrada غرفة مفردة
um quarto de casal	γorfa mozzdawwaga غرفة مزدوجة
Quanto é?	se'raha kām? سعرها كام؟
Está um pouco caro.	di γalya ʃewaya دي غالية شوية
Não tem outras opções?	'andak χayarāt tanya? عندك خيارات تانية؟
Eu fico com ele.	haχod-ha ح أخدها
Eu pago em dinheiro.	haddfa' naqqdy ح أدفع نقدي
Tenho um problema.	ana 'andy moʃkela أنا عندي مشكلة
O meu ... está partido /A minha ... está partida/.	... maksūr مكسور...
O meu ... está avariado /A minha ... está avariada/.	... 'aṭlān /'aṭlāna/ عطلان /عطلانة...
televisor (m)	el televizyōn التليفزيون
ar condicionado (m)	el takyīf التكييف
torneira (f)	el ḥanafiya (~ 'aṭlāna) الحنفية
duche (m)	el doʃ الدش
lavatório (m)	el banyo البانيو
cofre (m)	el χāzena (~ 'aṭlāna) الخازنة

fechadura (f)	'effl el bāb
	قفل الباب
tomada elétrica (f)	maxrag el kahraba
	مخرج الكهربا
secador de cabelo (m)	moqaffef el ʃaʻr
	مجفف الشعر

Não tenho ...	maʻandīʃ ...
	ما عنديش ...
água	maya
	مية
luz	nūr
	نور
eletricidade	kahraba
	كهربا

Pode dar-me ...?	momken teddīny ...?
	ممكن تديني ...؟
uma toalha	fūta
	فوطة
um cobertor	battaneya
	بطانية
uns chinelos	ʃebʃeb
	شبشب
um roupão	robe
	روب
algum champô	ʃambū
	شامبو
algum sabonete	ṣabūn
	صابون

Gostaria de trocar de quartos.	ahebb ayayar el oda
	أحب أغير الأوضة
Não consigo encontrar a minha chave.	meʃ lāʼy meftāhy
	مش لاقي مفتاحي
Abra-me o quarto, por favor.	momken tefftah oddty men faḍlak?
	ممكن تفتح أوضتي من فضلك؟
Quem é?	meyn henāk?
	مين هناك؟
Entre!	ettfaddal!
	إتفضل!
Um minuto!	daqīqa wāheda!
	دقيقة واحدة!
Agora não, por favor.	meʃ dellwaʼty men faḍlak
	مش دلوقتي من فضلك

Venha ao meu quarto, por favor.	taʻāla oddty laww samaht
	تعالى أوضتي لو سمحت
Gostaria de encomendar comida.	ʻāyez talab men xeddmet el wagabāt
	عايز طلب من خدمة الوجبات
O número do meu quarto é ...	raqam oddty howa ...
	رقم أوضتي هو ...

Estou de saída ...	ana māʃy ...
	... أنا ماشي
Estamos de saída ...	eḥna maʃyīn ...
	... إحنا ماشيين

---

agora	dellwa'ty
	دلوقتي
esta tarde	ba'd el ẓohr
	بعد الظهر
hoje à noite	el leyla di
	الليلة دي
amanhã	bokra
	بكرة
amanhã de manhã	bokra el ṣobh
	بكرة الصبح
amanhã ao fim da tarde	bokra bel leyl
	بكرة بالليل
depois de amanhã	ba'd bokra
	بعد بكرة

Gostaria de pagar.	aḥebb adfa'
	أحب أدفع
Estava tudo maravilhoso.	kol ʃey' kan rā'e'
	كل شيء كان رائع
Onde posso apanhar um táxi?	feyn momken alā'y taksi?
	فين ممكن ألاقي تاكسي؟
Pode me chamar um táxi, por favor?	momken toṭṭlob lī taksi laww samaḥt?
	ممكن تطلب لي تاكسي لو سمحت؟

Restaurante

Posso ver o menu, por favor?	momken aʃūf qã'ema el ṭa'ām men faḍlak? ممكن أشوف قائمة الطعام من فضلك؟
Mesa para um.	tarabeyza le ʃaχṣ wāḥed ترابيزة لشخص واحد
Somos dois (três, quatro).	eḥna etneyn (talāta, arba'a) إحنا اتنين (ثلاثة، أربعة)
Para fumadores	modaχenīn مدخنين
Para não fumadores	γeyr moddaχenīn غير مدخنين
Por favor!	laww samaḥt لو سمحت
menu	qã'emat el ṭa'ām قائمة الطعام
lista de vinhos	qã'emat el nebīz قائمة النبيذ
O menu, por favor.	el qã'ema, laww samaḥt القائمة، لو سمحت
Já escolheu?	mossta'ed toṭṭlob? مستعد تطلب؟
O que vai tomar?	ḥatāχod eh? ح تاخد إيه؟
Eu quero …	ana ḥāχod … أنا ح أخد ...
Eu sou vegetariano /vegetariana/.	ana nabāty أنا نباتي
carne	laḥma لحم
peixe	samakk سمك
vegetais	χoḍār خضار
Tem pratos vegetarianos?	'andak aṭṭbāq nabātiya? عندك أطباق نباتية؟
Não como porco.	lā 'āakol el χanzīr لا آكل الخنزير
Ele /ela/ não come porco.	howwa /hiya/ la tākol el laḥm هو/هي/ لا تأكل اللحم

Sou alérgico /alérgica/ a …	ʼandy ḥasasseya men …
	عندي حساسية من …
Por favor, pode trazer-me …?	momken tegīb lī …
	ممكن تجيب لي…
sal | pimenta | açucar	melḥ | felfel | sokkar
	سكر ا فلفل ا ملح
café | chá | sobremesa	ʼahwa | ʃāy | ḥelw
	حلو ا شاي ا قهوة
água | com gás | sem gás	meyāh | ɣaziya | ʼadiya
	عادية ا غازية ا مياه
uma colher | um garfo | uma faca	maʼlaʼa | ʃowka | sekkīna
	سكينة ا شوكة ا ملعقة
um prato | um guardanapo	ṭabaq | fūṭa
	فوطةا طبق

Bom apetite!	bel hana wel ʃefa
	بالهنا والشفا
Mais um, por favor.	waḥda kamān laww samaḥt
	واحدة كمان لو سمحت
Estava delicioso.	kanet lazīza geddan
	كانت لذيذة جدا

conta | troco | gorjeta	ʃīk | fakka | baʼʃīʃ
	بقشيشا فكةا شيك
A conta, por favor.	momken el ḥesāb laww samaḥt?
	ممكن الحساب لو سمحت؟
Posso pagar com cartão de crédito?	momken addfaʼ be kart eʼtemān?
	ممكن أدفع بكارت إئتمان؟
Desculpe, mas tem um erro aqui.	ana ʼāssif, feyh ɣalṭa hena
	أنا آسف، في غلطة هنا

Centro Comercial

Posso ajudá-lo /ajudá-la/?
momken asaʿdak?
ممكن أساعدك؟

Tem ...?
ya tara ʿandak ...?
يا ترى عندك ...؟

Estou à procura de ...
ana badawwar ʿla ...
أنا بادور على ...

Preciso de ...
meḥtāg ...
محتاج ...

Estou só a ver.
ana batfarrag
أنا بأتفرج

Estamos só a ver.
eḥna benettfarrag
إحنا بنتفرج

Volto mais tarde.
ḥāgy baʿdeyn
ح أجي بعدين

Voltamos mais tarde.
ḥaneygy baʿdeyn
ح نجي بعدين

descontos | saldos
taxfīḍāt | okazyōn
أوكازيونا تخفيضات

Mostre-me, por favor ...
momken tewarrīny ... laww samaḥt?
ممكن توريني ... لو سمحت؟

Dê-me, por favor ...
momken teddīny ... laww samaḥt
ممكن تديني ... لو سمحت

Posso experimentar?
momken aʿīs?
ممكن أقيس؟

Desculpe, onde fica a cabine de prova?
laww samaḥt, feyn el brova?
لو سمحت، فين البروفا؟

Que cor prefere?
ʿāyez ayī lone?
عايز أي لون؟

tamanho | cvomprimento
maqās | ṭūl
طول ا مقاس

Como lhe fica?
ya tara el maqās maẓbūṭ?
يا ترى المقاس مضبوظ؟

Quanto é que isto custa?
bekām?
بكام؟

É muito caro.
da ɣāly geddan
دة غالي جدا

Eu fico com ele.
ḥaftereyh
ح أشتريه

Desculpe, onde fica a caixa?
baʿd ezznak, addfaʿ feyn laww samaḥt?
بعد إذنك، أدفع فين لو سمحت؟

Vai pagar a dinheiro ou com cartão de crédito?	hateddfa‛ naqqdan walla be kart e'temān? ح تدفع نقدا ولا بكارت إئتمان؟
A dinheiro | com cartão de crédito	naqdan | be kart e'temān بكارت إئتمان ا نقدا
Pretende fatura?	‛āyez īṣāl? عايز إيصال؟
Sim, por favor.	aywā, men faḍlak أيوة، من فضلك
Não. Está bem!	lā, mafīʃ moʃkela لا، ما فيش مشكلة
Obrigado /Obrigada/. Tenha um bom dia!	ʃokran. yome saʿīd شكرا. يوم سعيد

Na cidade

Desculpe, por favor ...
ba'd ezznak, laww samaḥt
بعد إذنك، لو سمحت

Estou à procura ...
ana badawwar 'la ...
أنا بادور على ...

do metro
metro el anfā'
مترو الأنفاق

do meu hotel
el fondo' betā'i
الفندق بتاعي

do cinema
el sinema
السينما

da praça de táxis
maw'af taksi
موقف تاكسي

do multibanco
makīnet ṣarraf 'āaly
ماكينة صراف آلي

de uma casa de câmbio
maktab ṣarrafa
مكتب صرافة

de um café internet
maqha internet
مقهى انترنت

da rua ...
ʃāre'...
شارع ...

deste lugar
el makān da
المكان دة

Sabe dizer-me onde fica ...?
hal te'raf feyn ...?
هل تعرف فين ...؟

Como se chama esta rua?
essmu eyh el ʃāre' da?
اسمه إيه الشارع دة؟

Mostre-me onde estamos de momento.
momken tewarrīny eḥna feyn dellwa'ty?
ممكن توريني إحنا فين دلوقتي؟

Posso ir até lá a pé?
momken awṣal ḥenāk māʃy?
ممكن أوصل هناك ماشي؟

Tem algum mapa da cidade?
'andak ҳarīṭa lel madīna?
عندك خريطة للمدينة؟

Quanto custa a entrada?
bekām tazkaret el doҳūl?
بكام تذكرة الدخول؟

Pode-se fotografar aqui?
momken aṣṣawwar hena?
ممكن أصور هنا؟

Estão abertos?
entom fatt-ḥīn?
إنتم فاتحين؟

A que horas abrem?

emta betefftaḥu?

إمتى بتفتحوا؟

A que horas fecham?

emta bete'ffelu?

إمتى بتقفلوا؟

Dinheiro

dinheiro	folūss فلوس
a dinheiro	naqdy نقدي
dinheiro de papel	folūss waraqiya فلوس ورقية
troco	fakka فكة
conta | troco | gorjeta	ʃik | fakka | baʃʃiʃ بقشيش\فكة\ شيك
cartão de crédito	kart e'temān كارت إئتمان
carteira	maḥfaza محفظة
comprar	ʃerā' شراء
pagar	daf' دفع
multa	ɣarāma غرامة
gratuito	maggānan مجانا
Onde é que posso comprar …?	feyn momken aʃtery …? فين ممكن أشتري ...؟
O banco está aberto agora?	hal el bank fāteḥ dellwa'ty هل البنك فاتح دلوقتي؟
Quando abre?	emta betefftaḥ? إمتى بيفتح؟
Quando fecha?	emta beye'ffel? إمتى بيقفل؟
Quanto?	bekām? بكام؟
Quanto custa isto?	bekām da? بكام دة؟
É muito caro.	da ɣāly geddan دة غالي جدا
Desculpe, onde fica a caixa?	ba'd ezznak, addfa' feyn laww samaḥt? بعد إذنك، أدفع فين لو سمحت؟
A conta, por favor.	el ḥesāb men faḍlak الحساب من فضلك

Posso pagar com cartão de crédito?

momken addfaʻ be kart eʼtemān?
ممكن أدفع بكارت إئتمان؟

Há algum Multibanco aqui?

feyh hena makīnet ṣarraf ʼāaly?
فيه هنا ماكينة صراف آلي؟

Estou à procura de um Multibanco.

baddawwar ʻla makīnet ṣarraf ʼālly
بادور على ماكينة صراف آلي

Estou à procura de uma
casa de câmbio.

baddawwar ʻla maktab ṣarrāfa
بادور على مكتب صرافة

Eu gostaria de trocar ...

ʼāyez ayayar ...
عايز أغير ...

Qual a taxa de câmbio?

seʻr el ʻomla kām?
سعر العملة كام؟

Precisa do meu passaporte?

enta meḥtāg gawāz safary?
إنت محتاج جواز سفري؟

Tempo

Que horas são?	el sā'a kām? الساعة كام؟
Quando?	emta? إمتى؟
A que horas?	fi ayī sā'a? في أي ساعة؟
agora | mais tarde | depois …	dellwa'ty | ba'deyn | ba'd … … بعد ا بعدين ا دلوقتي
uma em ponto	el sā'a waḥda الساعة واحدة
uma e quinze	el sā'a waḥda we rob' الساعة واحدة وربع
uma e trinta	el sā'a waḥda we noṣṣ الساعة واحدة ونص
uma e quarenta e cinco	el sā'a etneyn ellā rob' الساعة إتنين إلا ربع
um | dois | três	waḥda | etneyn | talāta تلاتةا اتنينا واحدة
quatro | cinco | seis	arba'a | ҳamsa | setta ستة اخمسة الأربعة
set | oito | nove	sabb'a | tamanya | tess'a تسعةا تمانية ا سبعة
dez | onze | doze	'aʃra | hedāʃar | etnāʃar اتناشرا حداشرا عشرة
dentro de …	fi … في …
5 minutos	ҳamas daqā'eq خمس دقائق
10 minutos	'aʃar daqā'eq عشر دقائق
15 minutos	rob' sā'a ربع ساعة
20 minutos	telt sā'a تلت ساعة
meia hora	noṣṣ sā'a نص ساعة
uma hora	sā'a ساعة

de manhã	el sobḥ الصبح
de manhã cedo	el sobḥ badri الصبح بدري
esta manhã	el naharda el sobḥ النهاردة الصبح
amanhã de manhã	bokra el sobḥ بكرة الصبح

ao meio-dia	fi noṣṣ el yome في نص اليوم
à tarde	ba'd el zohr بعد الظهر
à noite (das 18h às 24h)	bel leyl بالليل
esta noite	el leyla di الليلة دي

à noite (da 0h às 6h)	bel leyl بالليل
ontem	emmbāreḥ إمبارح
hoje	el naharda النهاردة
amanhã	bokra بكرة
depois de amanhã	ba'd bokra بعد بكرة

Que dia é hoje?	el naharda eyh fel ayām? النهاردة إيه في الأيام؟
Hoje é ...	el naharda ... النهاردة ...
segunda-feira	el etneyn الإتنين
terça-feira	el talāt التلات
quarta-feira	el 'arba' الأربع

quinta-feira	el χamīs الخميس
sexta-feira	el gumu'ā الجمعة
sábado	el sabt السبت
domingo	el ḥadd الحد

Saudações. Apresentações

Olá!	ahlan أهلا
Prazer em conhecê-lo /conhecê-la/.	saīd be leqā'ak سعيد بلقائك
O prazer é todo meu.	ana ass'ad أنا أسعد
Apresento-lhe ...	a'arrafak be ... أعرفك بـ ...
Muito prazer.	forşa saīda فرصة سعيدة
Como está?	ezzayak? إزيك؟
Chamo-me ...	esmy ... أسمي ...
Ele chama-se ...	essmu ... إسمه ...
Ela chama-se ...	essmaha ... إسمها ...
Como é que o senhor /a senhora/ se chama?	essmak eyh? إسمك إيه؟
Como é que ela se chama?	essmu eyh? إسمه إيه؟
Como é que ela se chama?	essmaha eyh? إسمها إيه؟
Qual o seu apelido?	essm 'ā'eltak eyh? إسم عائلتك إيه؟
Pode chamar-me ...	te'ddar tenadīny be... تقدر تناديني بـ...
De onde é?	enta meneyn? إنت منين؟
Sou de ...	ana men ... أنا من ...
O que faz na vida?	beteſtaɣal eh? بتشتغل إيه؟
Quem é este?	meyn da مين دة
Quem é ele?	meyn howwa? مين هو؟
Quem é ela?	meyn hiya? مين هي؟
Quem são eles?	meyn homm? مين هم؟

Este é ...	da yeb'ã ... ده يبقى ...
o meu amigo	ṣadīqy صديقي
a minha amiga	ṣadīqaty صديقتي
o meu marido	gouzy جوزي
a minha mulher	merãty مراتي
o meu pai	waldy والدي
a minha mãe	waldety والدتي
o meu irmão	aҳūya أخويا
o meu filho	ebny إبني
a minha filha	bennty بنتي
Este é o nosso filho.	da ebnena ده إبننا
Este é a nossa filha.	di benntena دي بنتننا
Estes são os meus filhos.	dole awwlãdy دول أولادي
Estes são os nossos filhos.	dole awwladna دول أولادنا

Despedidas

Adeus!
ella alliqā'
إلى اللقاء

Tchau!
salām
سلام

Até amanhã.
aʃūfak bokra
أشوفك بكرة

Até breve.
aʃūfak orayeb
أشوفك قريب

Até às sete.
aʃūfak el sā'a sab'a
أشوفك الساعة سبعة

Diverte-te!
esstammte'!
إستمتع!

Falamos mais tarde.
netkallem ba'deyn
نتكلم بعدين

Bom fim de semana.
'ottlet osbū' sa'īda
عطلة أسبوع سعيدة

Boa noite.
tessbah 'la xeyr
تصبح على خير

Está na hora.
gā' waqt el zehāb
جاء وقت الذهاب

Preciso de ir embora.
lāzem amʃy
لازم أمشي

Volto já.
harga' 'la ṭūl
ح أرجع على طول

Já é tarde.
el waqt mett'axar
الوقت متأخر

Tenho de me levantar cedo.
lāzem ass-ha badry
لازم أصحى بدري

Vou-me embora amanhã.
ana māʃy bokra
أنا ماشي بكرة

Vamos embora amanhã.
ehhna maʃyīn bokra
إحنا ماشيين بكرة

Boa viagem!
rehla sa'īda!
رحلة سعيدة!

Tive muito prazer em conhecer-vos.
forsa sa'īda
فرصة سعيدة

Foi muito agradável falar consigo.
sa'eddt bel kalām ma'ak
سعدت بالكلام معك

Obrigado /Obrigada/ por tudo.
ʃokran 'la koll ʃey'
شكرا على كل شيء

Passei um tempo muito agradável.   ana qaḍḍayt waqt saʿīd
أنا قضيت وقت سعيد

Passámos um tempo muito agradável.   eḥna 'aḍḍeyna wa't saʿīd
إحنا قضينا وقت سعيد

Foi mesmo fantástico.   kan bel feʻl rāʼeʻ
كان بالفعل رائع

Vou ter saudades suas.   hatewwhaʃīny
ح توحشني

Vamos ter saudades suas.   hatewwhaʃna
ح توحشنا

Boa sorte!   ḥazz saʿīd!
حظ سعيد!

Dê cumprimentos a …   taḥīāty le…
تحياتي لـ…

Língua estrangeira

Eu não entendo.
ana meʃ fāhem
أنا مش فاهم

Escreva isso, por favor.
ektebha laww samaḥt
إكتبها لو سمحت

O senhor /a senhora/ fala ...?
enta betettkalem ...?
انت بتتكلم ...؟

Eu falo um pouco de ...
ana battkallem ʃewaya ...
أنا باتكلم شوية ...

Inglês
engilīzy
انجليزي

Turco
torky
تركي

Árabe
ʿaraby
عربي

Francês
faransāwy
فرنساوي

Alemão
almāny
ألماني

Italiano
iṭāly
إيطالي

Espanhol
asbāny
أسباني

Português
bortoɣāly
برتغالي

Chinês
ṣīny
صيني

Japonês
yabāny
ياباني

Pode repetir isso, por favor.
momken teʿīd el kalām men faḍlak?
ممكن تعيد الكلام من فضلك؟

Compreendo.
ana fāhem
انا فاهم

Eu não entendo.
ana meʃ fāhem
انا مش فاهم

Por favor fale mais devagar.
momken tetkallem abtaʾ laww samaḥt?
ممكن تتكلم ابطأ لو سمحت؟

Isso está certo?
keda ṣaḥḥ?
كدة صح؟

O que é isto? (O que significa?)
eh da?
إيه دة؟

Desculpas

Desculpe-me, por favor.	ba'd ezznak, laww samaḥt بعد إذنك، لو سمحت
Lamento.	ana 'āssif أنا آسف
Tenho muita pena.	ana 'āssif beggad أنا آسف بجد
Desculpe, a culpa é minha.	ana 'āssif, di ɣalṭeti أنا آسف، دي غلطتي
O erro foi meu.	ɣalṭety غلطتي

Posso ...?	momken ...? ممكن ...؟
O senhor /a senhora/ não se importa se eu ...?	teḍḍāyi' laww ...? تتضايق لو ...؟
Não faz mal.	mafiʃ moʃkela ما فيش مشكلة
Está tudo em ordem.	kollo tamām كله تمام
Não se preocupe.	mate'la'ʃ ما تقلقش

Acordo

Sim.	aywā أيوة
Sim, claro.	aywa, akīd ايوة، أكيد
Está bem!	tamām تمام
Muito bem.	kowayīs geddan كويس جدا
Claro!	bekol ta'kīd! إبكل تأكيد
Concordo.	mewāfe' موافق
Certo.	da ṣaḥīḥ دة صحيح
Correto.	da ṣaḥḥ دة صح
Tem razão.	kalāmak ṣaḥḥ كلامك صح
Eu não me oponho.	ma'andīʃ māne' ما عنديش مانع
Absolutamente certo.	ṣaḥḥ tamāman صح تماما
É possível.	momken ممكن
É uma boa ideia.	di fekra kewayīsa دي فكرة كويسة
Não posso recusar.	ma'darʃ a'ūl la' ما أقدرش أقول لأ
Terei muito gosto.	bekol sorūr حكون سعيد
Com prazer.	bekol sorūr بكل سرور

Recusa. Expressão de dúvida

Não.	la'a لأ
Claro que não.	akīd la' أكيد لأ
Não concordo.	meʃ mewāfe' مش موافق
Não creio.	ma 'azzonneʃ keda ما أظنش كدة
Isso não é verdade.	da meʃ ṣaḥīḥ دة مش صحيح
O senhor /a senhora/ não tem razão.	enta ɣalṭān إنت غلطان
Acho que o senhor /a senhora/ não tem razão.	azonn ennak ɣalṭān أظن إنك غلطان
Não tenho a certeza.	meʃ akīd مش أكيد
É impossível.	da mos-taḥīl دة مستحيل
De modo algum!	mafīʃ ḥāga keda! ما فيش حاجة كدة!
Exatamente o contrário.	el 'akss tamāman العكس تماما
Sou contra.	ana ḍedd da أنا ضد دة
Não me importo.	ma yehemmenīʃ ما يهمنيش
Não faço ideia.	ma'andīʃ fekra ما عنديش فكرة
Não creio.	aʃokk fe ḍa أشك في دة
Desculpe, mas não posso.	'āssef ma 'qdarʃ آسف، ما أقدرش
Desculpe, mas não quero.	'āssef meʃ 'ayez آسف، مش عايز
Desculpe, não quero isso.	ʃokran, bass ana meʃ meḥtāg loh شكرا، بس أنا مش محتاج له
Já é muito tarde.	el waqt mett'aχar الوقت متأخر

Tenho de me levantar cedo.   lāzem aṣṣ-ha badry

لازم أصحى بدري .

Não me sinto bem.   ana ta'bān

أنا تعبان

Expressão de gratidão

Obrigado /Obrigada/.	ʃokran شكرا
Muito obrigado /obrigada/.	ʃokran gazīlan شكرا جزيلا
Fico muito grato /grata/.	ana ḥa'i'i me'aḍḍar da أنا حقيقي مقدر دة
Estou-lhe muito reconhecido.	ana mommtann līk geddan أنا ممتن لك جدا
Estamos-lhe muito reconhecidos.	eḥna mommtannīn līk geddan إحنا ممتنين لك جدا

Obrigado /Obrigada/ pelo seu tempo.	ʃokran ʻla wa'tak شكرا على وقتك
Obrigado /Obrigada/ por tudo.	ʃokran ʻla koll ʃey' شكرا على كل شيء
Obrigado /Obrigada/ ...	ʃokran ʻla ... شكرا على ...
... pela sua ajuda	mosa'detak مساعدتك
... por este tempo bem passado	el waqt الوقت اللطيف

... pela comida deliciosa	wagba rā'e'a وجبة رائعة
... por esta noite agradável	amsiya mummte'a أمسية ممتعة
... pelo dia maravilhoso	yome rā'e' يوم رائع
... pela jornada fantástica	reḥla mod-heʃa رحلة مدهشة

Não tem de quê.	lā ʃokr ʻla wāgeb لا شكر على واجب
Não precisa agradecer.	el ʻafw العفو
Disponha sempre.	ayī waqt أي وقت
Foi um prazer ajudar.	bekol sorūr بكل سرور
Esqueça isso.	ennsa إنسى
Não se preocupe.	mate'la'ʃ ما تقلقش

Parabéns. Cumprimentos

Parabéns!

ohannīk!
أهنيك!

Feliz aniversário!

ʿīd milād saʿīd!
عيد ميلاد سعيد!

Feliz Natal!

ʿīd milād saʿīd!
عيد ميلاد سعيد!

Feliz Ano Novo!

sana gedīda saʿīda!
سنة جديدة سعيدة!

Feliz Páscoa!

ʃamm nessīm saʿīd!
شم نسيم سعيد!

Feliz Hanukkah!

hanūka saʿīda!
هانوكا سعيدة!

Gostaria de fazer um brinde.

aḥebb aqtareḥ neʃrab naxab
أحب أقترح نشرب نخب

Saúde!

fi seḥḥettak
في صحتك

Bebamos a …!

yalla neʃrab fe …!
يالله نشرب في …!

Ao nosso sucesso!

nagāḥna
نجاحنا

Ao vosso sucesso!

nagāḥak
نجاحك

Boa sorte!

ḥazz saʿīd!
حظ سعيد!

Tenha um bom dia!

nahārak saʿīd!
نهارك سعيد!

Tenha um bom feriado!

agāza ṭayeba!
أجازة طيبة!

Tenha uma viagem segura!

trūḥ bel salāma!
تروح بالسلامة!

Espero que melhore em breve!

atmanna ennak taṭaʿāfa besorʿa!
أتمنى إنك تتعافى بسرعة!

Socializando

Porque é que está chateado /chateada/?	enta leyh za'lān? إنت ليه زعلان؟
Sorria!	ebbtassem! farrfeʃ! إبتسم! إفرفش!
Está livre esta noite?	enta fādy el leyla di? إنت فاضي الليلة دي؟

Posso oferecer-lhe algo para beber?	momken a'zemak 'la maʃrūb? ممكن أعزمك على مشروب؟
Você quer dançar?	teḥebb torr'oṣṣ? تحب ترقص؟
Vamos ao cinema.	yalla nerūḥ el sinema ياللا نروح السينما

Gostaria de a convidar para ir ...	momken a'zemak 'la ...? ممكن أعزمك على ...؟
ao restaurante	maṭṭ'am مطعم
ao cinema	el sinema السينما
ao teatro	el masraḥ المسرح
passear	tamʃeya تمشية

A que horas?	fi ayī sā'a? في أي ساعة؟
hoje à noite	el leyla di الليلة دي
às 6 horas	el sā'a setta الساعة ستة
às 7 horas	el sā'a sab'a الساعة سبعة
às 8 horas	el sā'a tamanya الساعة تمانية
às 9 horas	el sā'a tess'a الساعة تسعة

Gosta deste local?	ya tara 'agbak el makān? يا ترى عاجبك المكان؟
Está com alguém?	enta hena ma' ḥadd? إنت هنا مع حد؟
Estou com o meu amigo.	ana ma' ṣadīq أنا مع صديق

Estou com os meus amigos.	ana ma' aṣṣdiqā'
	أنا مع أصدقاء
Não, estou sozinho /sozinha/.	lā, ana waḥhdy
	لا، أنا وحدي
Tens namorado?	hal 'andak ṣadīq?
	هل عندك صديق؟
Tenho namorado.	ana 'andy ṣadīq
	أنا عندي صديق
Tens namorada?	hal 'andak ṣadīqa?
	هل عندك صديقة؟
Tenho namorada.	ana 'andy ṣadīqa
	أنا عندي صديقة
Posso voltar a vêr-te?	a'dar aʃūfak tāny?
	أقدر أشوفك تاني؟
Posso ligar-te?	a'dar atteṣel bīk?
	أقدر أتصل بك؟
Liga-me.	ettaṣṣel bī
	إتصل بي
Qual é o teu número?	eh raqamek?
	إيه رقمك؟
Tenho saudades tuas.	wahaʃtīny
	وحشتني
Tem um nome muito bonito.	essmek gamīl
	إسمك جميل
Amo-te.	ohebbek
	أحبك
Quer casar comigo?	tettgawwezīny?
	تتجوزيني؟
Você está a brincar!	enta bett-hazzar!
	إنت بتهزر!
Estou só a brincar.	ana bahazzar bas
	أنا باهزر بس
Está a falar a sério?	enta bettettkallem gad?
	إنت بتتكلم جد؟
Estou a falar a sério.	ana gād
	أنا جاد
De verdade?!	ṣaḥīḥ?
	صحيح؟
Incrível!	meʃ ma''ūl!
	مش معقول!
Não acredito.	ana meʃ meṣṣad'āk
	أنا مش مصدقاك
Não posso.	ma'darʃ
	ما أقدرش
Não sei.	ma'rafʃ
	ما أعرفش
Não entendo o que está a dizer.	meʃ fahmāk
	مش فاهماك

Saia, por favor.	men faḍlak temʃy
	من فضلك تمشي
Deixe-me em paz!	sebbny lewaḥḥdy!
	اسيبني لوحدي!

Eu não o suporto.	ana ǰã atǰqo
	أنا لا أطيقه
Você é detestável!	enta mo'reff
	إنت مقرف
Vou chamar a polícia!	haṭṭlob el ʃorta
	ح أطلب الشرطة

Partilha de impressões. Emoções

Gosto disto.	ye'gebny يعجبني
É muito simpático.	laṭīf geddan لطيف جدا
Fixe!	da rā'e' ده رائع
Não é mau.	da meʃ saye' ده مش سيء

Não gosto disto.	meʃ 'agebny مش عاجبني
Isso não está certo.	meʃ kowayīs مش كويس
Isso é mau.	da saye' ده سيء
Isso é muito mau.	da saye' geddan ده سيء جدا
Isso é asqueroso.	da mo'rreff ده مقرف

Estou feliz.	ana saʿīd أنا سعيد
Estou contente.	ana mabsūṭ أنا مبسوط
Estou apaixonado /apaixonada/.	ana baḥebb أنا باحب
Estou calmo /calma/.	ana hāḏy أنا هادي
Estou aborrecido /aborrecida/.	ana zaḥ'ān أنا زهقان

Estou cansado /cansada/.	ana taʿbān أنا تعبان
Estou triste.	ana ḥazīn أنا حزين
Estou apavorado /apavorada/.	ana xāyef أنا خايف

Estou zangado /zangada/.	ana ɣadbān أنا غضبان
Estou preocupado /preocupada/.	ana qalqān أنا قلقان
Estou nervoso /nervosa/.	ana mutawwater أنا متوتر

Estou ciumento /ciumenta/.	ana γayrān أنا غيران
Estou surpreendido /surpreendida/.	ana mutafāge' أنا متفاجئ
Estou perplexo /perplexa/.	ana morrtabek أنا مرتبك

Problemas. Acidentes

Tenho um problema.	ana 'andy moʃkela أنا عندي مشكلة
Temos um problema.	ehna 'andena moʃkela إحنا عندنا مشكلة
Estou perdido.	ana tāʒeh أنا تايه
Perdi o último autocarro.	fātny 'āaχer otobiis فاتني آخر أوتوبيس
Não me resta nenhum dinheiro.	meʃ fāḍel ma'aya flūss مش فاضل معايا فلوس

Eu perdi ...	ḍā' menny ... betā'y ضاع مني ... بتاعي
Roubaram-me ...	ḥadd sara' ... betā'y حد سرق ... بتاعي
o meu passaporte	bassbore باسبور
a minha carteira	maḥfaza محفظة
os meus papéis	awwarā' أوراق
o meu bilhete	tazzkara تذكرة

o dinheiro	folūss فلوس
a minha mala	ʃannṭa شنطة
a minha camara	kamera كاميرا
o meu computador	lab tob لاب توب
o meu tablet	tablet تابلت
o meu telemóvel	telefon maḥmūl تليفون محمول

Ajude-me!	sā'dny! ساعدني!
O que é que aconteceu?	eh elly ḥaṣal? إيه إللي حصل؟
fogo	harīqa حريقة

tiroteio	ḑarrb nār ضرب نار
assassínio	qattl قتل
explosão	ennfegār إنفجار
briga	χenā'a خناقة

Chame a polícia!	ettaṣel bel ʃorṭa! !اتصل بالشرطة
Mais depressa, por favor!	besorʻa men faḑlak! !إبسرعة من فضلك

Estou à procura de uma esquadra de polícia.	baddawwar ʻla qessm el ʃorṭa بادور على قسم الشرطة
Preciso de telefonar.	mehtāg aʻmel moḳalma telefoneya محتاج أعمل مكالمة تليفونية
Posso telefonar?	momken asstaχdem telefonak? ممكن أستخدم تليفونك؟

Fui …	ana kont … … أنا كنت
assaltado /assaltada/	ettnaʃalt اتنشلت
roubado /roubada/	ettsaraqt اتسرقت
violada	oχtiṣabt أغتصبت
atacado /atacada/	taʻarraḑt le eʻtedā' تعرضت لإعتداء

Está tudo bem consigo?	enta beχeyr? إنت بخير؟
Viu quem foi?	ya tara ʃoft meyn? يا ترى شفت مين؟
Seria capaz de reconhecer a pessoa?	teʻddar tettʻarraf ʻla el ʃaχṣ da? تقدر تتعرف على الشخص دة؟
Tem a certeza?	enta mutaʼkked? إنت متأكد؟

Acalme-se, por favor.	argūk ehḑa أرجوك إهدا
Calma!	hawwen ʻaleyk! !اهون عليك
Não se preocupe.	mateʻlaʼʃ! !ما تقلقش
Vai ficar tudo bem.	kol ʃeyʼ ḥaykūn tamām كل شيء ح يكون تمام
Está tudo em ordem.	kol ʃeyʼ tamām كل شيء تمام

Chegue aqui, por favor.

ta'āla hena laww samaht

تعالى هنا لو سمحت

Tenho algumas questões a colocar-lhe.

'andy līk as'ela

عندي لك أسئلة

Aguarde um momento, por favor.

esstanna laḥza men faḍlak

إستنى لحظة من فضلك

Tem alguma identificação?

'andak raqam qawwmy

عندك رقم قومي

Obrigado. Pode ir.

ʃokran. momken temʃy dellwa'ty

شكراً. ممكن تمشي دلوقتي

Mãos atrás da cabeça!

eydeyk wara rāsak!

!إيديك ورا راسك

Você está preso!

enta maqbūḍ 'aleyk!

!إنت مقبوض عليك

Problemas de saúde

Ajude-me, por favor.	argūk sā'dny أرجوك ساعدني
Não me sinto bem.	ana ta'bān أنا تعبان
O meu marido não se sente bem.	gouzy ta'bān جوزي تعبان
O meu filho ...	ebny ... إبني ...
O meu pai ...	waldy ... والدي ...
A minha mulher não se sente bem.	merāty ta'bāna مراتي تعابة
A minha filha ...	bennty ... بنتي ...
A minha mãe ...	waldety ... والدتي ...
Tenho uma ...	ana 'andy ... أنا عندي ...
dor de cabeça	sodā' صداع
dor de garganta	ehtiqān fel zore إحتقان في الزور
dor de barriga	mayass مغص
dor de dentes	alam asnān ألم أسنان
Estou com tonturas.	ʃā'er be dawār شاعر بدوار
Ele está com febre.	'andak homma عنده حمي
Ela está com febre.	'andaha homma عندها حمي
Não consigo respirar.	meʃ 'āder attnaffess مش قادر أتنفس
Estou a sufocar.	meʃ 'āder attnaffess مش قادر أتنفس
Sou asmático /asmática/.	ana 'andy azzma أنا عندي أزمة
Sou diabético /diabética/.	ana 'andy el sokkar أنا عندي السكر

Estou com insónia.	meʃ 'āder anām
	مش قادر أنام
intoxicação alimentar	tassammom ɣezā'y
	تسمم غذائي

Dói aqui.	betewwga' hena
	بتوجع هنا
Ajude-me!	sā'edny!
	ساعدني!
Estou aqui!	ana ḥena!
	أنا هنا!
Estamos aqui!	eḥna hena!
	إحنا هنا!
Tirem-me daqui!	χarragūny men hena
	خرجوني من هنا
Preciso de um médico.	ana meḥtāg ṭabīb
	أنا محتاج طبيب
Não me consigo mexer.	meʃ 'āder at-ḥarrak
	مش قادر أتحرك
Não consigo mover as pernas.	meʃ 'āder aḥarrak reglaya
	مش قادر أحرك رجلية

Estou ferido.	'andy garrḥḥ
	عندي جرح
É grave?	da beggad?
	دة بجد؟
Tenho os documentos no bolso.	awwrā'y fi geyby
	أوراقي في جيبي
Acalme-se!	ehhda'!
	إهدا!
Posso telefonar?	momken asstaχdem telefonak?
	ممكن أستخدم تليفونك؟

Chame uma ambulância!	otlob 'arabeyet es'āf!
	أطلب عربية إسعاف!
É urgente!	di ḥāla messta'gela!
	دي حالة مستعجلة!
É uma emergência!	di ḥāla ṭāre'a!
	دي حالة طارئة!
Mais depressa, por favor!	besor'a men faḍlak!
	بسرعة من فضلك!

Chame o médico, por favor.	momken tekallem doktore men faḍlak?
	ممكن تكلم دكتور من فضلك؟
Onde fica o hospital?	feyn el mostaʃfa?
	فين المستشفى؟
Como se sente?	ḥāsses be eyh dellwa'ty
	حاسس بإيه دلوقتي؟
Está tudo bem consigo?	enta beχeyr?
	إنت بخير؟
O que é que aconteceu?	eh elly ḥaṣal?
	إيه إللي حصل؟

Já me sinto melhor.	ana ḥāsseṣ eny aḥssan dellwa'ty
	أنا حاسس إني أحسن دلوقتي
Está tudo em ordem.	tamām
	تمام
Tubo bem.	kollo tamām
	كله تمام

Na farmácia

farmácia	ṣaydaliya
	صيدلية
farmácia de serviço	ṣaydaliya arbʿa we ʿeʃrīn sāʿa
	صيدلية 24 ساعة
Onde fica a farmácia mais próxima?	feyn aqrab ṣaydaliya?
	فين أقرب صيدلية؟

Está aberto agora?	hiya fat-ḥa dellwaʾty?
	هي فاتحة دلوقتي؟
A que horas abre?	betefftaḥ emta?
	بتفتح إمتى؟
A que horas fecha?	beteʾffel emta?
	بتقفل إمتى؟

Fica longe?	hiya beʿeyda?
	هي بعيدة؟
Posso ir até lá a pé?	momken awṣal ḥenāk māʃy?
	ممكن أوصل هناك ماشي؟
Pode-me mostrar no mapa?	momken tewarrīny ʿlal xarīṭa?
	ممكن توريني على الخريطة؟

Por favor dê-me algo para ...	men faḍlak eddīny ḥāga le…
	من فضلك إديني حاجة لـ....
as dores de cabeça	el sodāʿ
	الصداع
a tosse	el kohḥa
	الكحة
o resfriado	el bard
	البرد
a gripe	influenza
	الأنفلوانزا

a febre	el ḥumma
	الحمى
uma dor de estômago	el maɣaṣṣ
	المغص
as náuseas	el ɣasayān
	الغثيان
a diarreia	el es-hāl
	الإسهال
a constipação	el emsāk
	الإمساك
as dores nas costas	alam fel zahr
	ألم في الظهر

as dores no peito	alam fel ṣadr ألم في الصدر
a sutura	ɣorrza ganebiya غرزة جانبية
as dores abdominais	alam fel baṭṭn ألم في البطن

comprimido	ḥabba حبة
unguento, creme	marham, krīm مرهم، كريم
charope	ʃarāb شراب
spray	baχāχ بخاخ
dropes	noqaṭṭ نقط

Você precisa de ir ao hospital.	enta mehtāg terūh انت محتاج تروح المستشفى
seguro de saúde	ta'mīn ṣehhy تأمين صحي
prescrição	roʃetta روشتة
repelente de insetos	ṭāred lel haʃarāt طارد للحشرات
penso rápido	blastar بلاستر

O mínimo

Desculpe, ...	ba'd ezznak, ... بعد إذنك، ...
Olá!	ahlan أهلا
Obrigado /Obrigada/.	ʃokran شكراً
Adeus.	ella alliqā' إلى اللقاء
Sim.	aywā أيوة
Não.	la'a لأ
Não sei.	ma'raʃʃ ما أعرفش
Onde? | Para onde? | Quando?	feyn? | lefeyn? | emta? إمتى؟ | لفين؟ | فين؟

Preciso de ...	meḥtāg ... محتاج ...
Eu queria ...	'āyez ... عايز ...
Tem ...?	ya tara 'andak ...? يا ترى عندك ...؟
Há aqui ...?	feyh hena ...? فيه هنا ...؟
Posso ...?	momken ...? ممكن ...؟
..., por favor	... men faḍlak من فضلك ...

Estou à procura de ...	ana badawwar 'la ... أنا بادور على ...
casa de banho	ḥammām حمام
Multibanco	makīnet ṣarraf 'āaly ماكينة صراف آلي
farmácia	ṣaydaliya صيدلية
hospital	mostaʃʃa مستشفى
esquadra de polícia	'essm el ʃorṭa قسم شرطة
metro	metro el anfā' مترو الأنفاق

táxi	taksi
	تاكسي
estação de comboio	mahattet el 'attr
	محطة القطر

Chamo-me ...	essmy ...
	إسمي...
Como se chama?	essmak eyh?
	اسمك إيه؟
Pode-me dar uma ajuda?	te'ddar tesā'dny?
	تقدر تساعدني؟
Tenho um problema.	ana 'andy moʃkela
	أنا عندي مشكلة
Não me sinto bem.	ana ta'bān
	أنا تعبان
Chame a ambulância!	otlob 'arabeyet es'āf!
	!أطلب عربية إسعاف
Posso fazer uma chamada?	momken a'mel mokalma telefoniya?
	ممكن أعمل مكالمة تليفونية؟

Desculpe.	ana 'āssif
	أنا آسف
De nada.	el 'afw
	العفو

eu	ana
	أنا
tu	enta
	أنت
ele	howwa
	هو
ela	hiya
	هي
eles	homm
	هم
elas	homm
	هم
nós	ehna
	احنا
vocês	entom
	انتم
você	haddretak
	حضرتك

ENTRADA	doxūl
	دخول
SAÍDA	xorūg
	خروج
FORA DE SERVIÇO	'attlān
	عطلان
FECHADO	moɣlaq
	مغلق

ABERTO   maftūḥ
                                مفتوح

PARA SENHORAS   lel sayedāt
                                للسيدات

PARA HOMENS   lel regāl
                                للرجال

DICIONÁRIO CONCISO

Esta secção contém mais de 1.500 palavras úteis, organizadas por ordem alfabética. O dicionário inclui muitos termos gastronômicos e será útil quando pedir comida num restaurante ou comprar alimentos numa loja

T&P Books Publishing

CONTEÚDO DO DICIONÁRIO

T&P Books Publishing

tempo (m)	waqt (m)	وقت
hora (f)	sā'a (f)	ساعة
meia hora (f)	niṣf sā'a (m)	نصف ساعة
minuto (m)	daqīqa (f)	دقيقة
segundo (m)	θāniya (f)	ثانية
hoje	al yawm	اليوم
amanhã	ɣadan	غدًا
ontem	ams	أمس
segunda-feira (f)	yawm al iθnayn (m)	يوم الإثنين
terça-feira (f)	yawm aθ θulāθā' (m)	يوم الثلاثاء
quarta-feira (f)	yawm al arbi'ā' (m)	يوم الأربعاء
quinta-feira (f)	yawm al xamīs (m)	يوم الخميس
sexta-feira (f)	yawm al ʒum'a (m)	يوم الجمعة
sábado (m)	yawm as sabt (m)	يوم السبت
domingo (m)	yawm al aḥad (m)	يوم الأحد
dia (m)	yawm (m)	يوم
dia (m) de trabalho	yawm 'amal (m)	يوم عمل
feriado (m)	yawm al 'uṭla ar rasmiyya (m)	يوم العطلة الرسمية
fim (m) de semana	ayyām al 'uṭla (pl)	أيام العطلة
semana (f)	usbū' (m)	أسبوع
na semana passada	fil isbū' al māḍi	في الأسبوع الماضي
na próxima semana	fil isbū' al qādim	في الأسبوع القادم
nascer (m) do sol	ʃurūq aʃ ʃams (m)	شروق الشمس
pôr do sol (m)	ɣurūb aʃ ʃams (m)	غروب الشمس
de manhã	fiṣ ṣabāḥ	في الصباح
à tarde	ba'd aẓ ẓuhr	بعد الظهر
à noite (noitinha)	fil masā'	في المساء
hoje à noite	al yawm fil masā'	اليوم في المساء
à noite	bil layl	بالليل
meia-noite (f)	muntaṣif al layl (m)	منتصف الليل
janeiro (m)	yanāyir (m)	يناير
fevereiro (m)	fibrāyir (m)	فبراير
março (m)	māris (m)	مارس
abril (m)	abrīl (m)	أبريل
maio (m)	māyu (m)	مايو

junho (m)	yūnyu (m)	يونيو
julho (m)	yūlyu (m)	يوليو
agosto (m)	ayusṭus (m)	أغسطس
setembro (m)	sibtambar (m)	سبتمبر
outubro (m)	uktūbir (m)	أكتوبر
novembro (m)	nuvimbar (m)	نوفمبر
dezembro (m)	disimbar (m)	ديسمبر

na primavera	fir rabī'	في الربيع
no verão	fiṣ ṣayf	في الصيف
no outono	fil χarīf	في الخريف
no inverno	fiʃ ʃitā'	في الشتاء

mês (m)	ʃahr (m)	شهر
estação (f)	faṣl (m)	فصل
ano (m)	sana (f)	سنة
século (m)	qarn (m)	قرن

2. Números. Numeração

algarismo, dígito (m)	raqm (m)	رقم
número (m)	'adad (m)	عدد
menos (m)	nāqiṣ (m)	ناقص
mais (m)	zā'id (m)	زائد
soma (f)	maʒmū' (m)	مجموع

primeiro	awwal	أوّل
segundo	θāni	ثان
terceiro	θāliθ	ثالث

zero	ṣifr	صفر
um	wāḥid	واحد
dois	iθnān	إثنان
três	θalāθa	ثلاثة
quatro	arba'a	أربعة

cinco	χamsa	خمسة
seis	sitta	ستّة
sete	sab'a	سبعة
oito	θamāniya	ثمانية
nove	tis'a	تسعة
dez	'aʃara	عشرة

onze	aḥad 'aʃar	أحد عشر
doze	iθnā 'aʃar	إثنا عشر
treze	θalāθat 'aʃar	ثلاثة عشر
catorze	arba'at 'aʃar	أربعة عشر
quinze	χamsat 'aʃar	خمسة عشر
dezasseis	sittat 'aʃar	ستّة عشر
dezassete	sab'at 'aʃar	سبعة عشر

dezoito	θamāniyat ʻaʃar	ثمانية عشر
dezanove	tisʻat ʻaʃar	تسعة عشر
vinte	ʻiʃrūn	عشرون
trinta	θalāθīn	ثلاثون
quarenta	arbaʻūn	أربعون
cinquenta	χamsūn	خمسون
sessenta	sittūn	ستّون
setenta	sabʻūn	سبعون
oitenta	θamānūn	ثمانون
noventa	tisʻūn	تسعون
cem	mi'a	مائة
duzentos	mi'atān	مائتان
trezentos	θalāθumi'a	ثلاثمائة
quatrocentos	rubʻumi'a	أربعمائة
quinhentos	χamsumi'a	خمسمائة
seiscentos	sittumi'a	ستّمائة
setecentos	sabʻumi'a	سبعمائة
oitocentos	θamānimi'a	ثمانمائة
novecentos	tisʻumi'a	تسعمائة
mil	alf	ألف
dez mil	ʻaʃarat ʾālāf	عشرة آلاف
cem mil	mi'at alf	مائة ألف
um milhão	milyūn (m)	مليون
mil milhões	milyār (m)	مليار

3. Humanos. Família

homem (m)	raӡul (m)	رجل
jovem (m)	ʃābb (m)	شابّ
adolescente (m)	murāhiq (m)	مراهق
mulher (f)	imra'a (f)	إمرأة
rapariga (f)	fatāt (f)	فتاة
idade (f)	ʻumr (m)	عمر
adulto	bāliχ (m)	بالغ
de meia-idade	fi muntaṣaf al ʻumr	في منتصف العمر
de certa idade	ʻaӡūz	عجوز
idoso	ʻaӡūz	عجوز
velhote (m)	ʻaӡūz (m)	عجوز
velhota (f)	ʻaӡūza (f)	عجوزة
reforma (f)	maʻāʃ (m)	معاش
reformar-se (vp)	uḥīl ʻalal maʻāʃ	أحيل على المعاش
reformado (m)	mutaqāʻid (m)	متقاعد

mãe (f)	umm (f)	أُمّ
pai (m)	ab (m)	أب
filho (m)	ibn (m)	إبن
filha (f)	ibna (f)	إبنة
ırmão (m)	aχ (m)	أخ
irmão mais velho	al aχ al kabīr (m)	الأخ الكبير
irmão mais novo	al aχ aṣ ṣayīr (m)	الأخ الصغير
irmã (f)	uχt (f)	أخت
irmã mais velha	al uχt al kabīra (f)	الأخت الكبيرة
irmã mais nova	al uχt aṣ ṣayīra (f)	الأخت الصغيرة
pais (pl)	wālidān (du)	والدان
criança (f)	ṭifl (m)	طفل
crianças (f pl)	aṭfāl (pl)	أطفال
madrasta (f)	zawȝat al ab (f)	زوجة الأب
padrasto (m)	zawȝ al umm (m)	زوج الأُمّ
avó (f)	ȝidda (f)	جدّة
avô (m)	ȝadd (m)	جَدّ
neto (m)	ḥafīd (m)	حفيد
neta (f)	ḥafīda (f)	حفيدة
netos (pl)	aḥfād (pl)	أحفاد
tio (m)	ʿamm (m), χāl (m)	عمّ, خال
tia (f)	ʿamma (f), χāla (f)	عمّة, خالة
sobrinho (m)	ibn al aχ (m), ibn al uχt (m)	إبن الأخ, إبن الأخت
sobrinha (f)	ibnat al aχ (f), ibnat al uχt (f)	إبنة الأخ, إبنة الأخت
mulher (f)	zawȝa (f)	زوجة
marido (m)	zawȝ (m)	زوج
casado	mutazawwiȝ	متزوِّج
casada	mutazawwiȝa	متزوِّجة
viúva (f)	armala (f)	أرملة
viúvo (m)	armal (m)	أرمل
nome (m)	ism (m)	إسم
apelido (m)	ism al ʿāʾila (m)	إسم العائلة
parente (m)	qarīb (m)	قريب
amigo (m)	ṣadīq (m)	صديق
amizade (f)	ṣadāqa (f)	صداقة
parceiro (m)	rafīq (m)	رفيق
superior (m)	raʾīs (m)	رئيس
colega (m)	zamīl (m)	زميل
vizinhos (pl)	ȝīrān (pl)	جيران

4. Corpo humano

organismo (m)	ȝism (m)	جسم
corpo (m)	ȝism (m)	جسم

coração (m)	qalb (m)	قلب
sangue (m)	dam (m)	دم
cérebro (m)	muχχ (m)	مخ
nervo (m)	'aṣab (m)	عصب
osso (m)	'aẓm (m)	عظم
esqueleto (m)	haykal 'aẓmiy (m)	هيكل عظميّ
coluna (f) vertebral	'amūd faqriy (m)	عمود فقري
costela (f)	ḍil' (m)	ضلع
crânio (m)	ʒumʒuma (f)	جمجمة
músculo (m)	'aḍala (f)	عضلة
pulmões (m pl)	ri'atān (du)	رئتان
pele (f)	buʃra (m)	بشرة
cabeça (f)	ra's (m)	رأس
cara (f)	waʒh (m)	وجه
nariz (m)	anf (m)	أنف
testa (f)	ʒabha (f)	جبهة
bochecha (f)	χadd (m)	خدّ
boca (f)	fam (m)	فم
língua (f)	lisān (m)	لسان
dente (m)	sinn (f)	سنّ
lábios (m pl)	ʃifāh (pl)	شفاه
queixo (m)	ðaqan (m)	ذقن
orelha (f)	uðun (f)	أذن
pescoço (m)	raqaba (f)	رقبة
garganta (f)	ḥalq (m)	حلق
olho (m)	'ayn (f)	عين
pupila (f)	ḥadaqa (f)	حدقة
sobrancelha (f)	ḥāʒib (m)	حاجب
pestana (f)	rimʃ (m)	رمش
cabelos (m pl)	ʃa'r (m)	شعر
penteado (m)	tasrīḥa (f)	تسريحة
bigode (m)	ʃawārib (pl)	شوارب
barba (f)	liḥya (f)	لحية
usar, ter (~ barba, etc.)	'indahu	عنده
calvo	aṣla'	أصلع
mão (f)	yad (m)	يد
braço (m)	ðirā' (f)	ذراع
dedo (m)	iṣba' (m)	إصبع
unha (f)	ẓufr (m)	ظفر
palma (f) da mão	kaff (f)	كفّ
ombro (m)	katf (f)	كتف
perna (f)	riʒl (f)	رجل
pé (m)	qadam (f)	قدم

joelho (m)	rukba (f)	ركبة
talão (m)	'aqb (m)	عقب
costas (f pl)	ẓahr (m)	ظهر
cıntura (f)	χaṣr (m)	خصر
sinal (m)	ʃāma (f)	شامة
sinal (m) de nascença	waḥma	وحمة

5. Medicina. Doenças. Drogas

saúde (f)	ṣiḥḥa (f)	صحّة
são	salīm	سليم
doença (f)	maraḍ (m)	مرض
estar doente	maraḍ	مرض
doente	marīḍ	مريض
constipação (f)	bard (m)	برد
constipar-se (vp)	aṣābahu al bard	أصابه البرد
amigdalite (f)	iltihāb al lawzatayn (m)	التهاب اللوزتين
pneumonia (f)	iltihāb ar ri'atayn (m)	إلتهاب الرئتين
gripe (f)	inflūnza (f)	إنفلونزا
nariz (m) a escorrer	zukām (m)	زكام
tosse (f)	su'āl (m)	سعال
tossir (vi)	sa'al	سعل
espirrar (vi)	'aṭas	عطس
AVC (m), apoplexia (f)	sakta (f)	سكتة
ataque (m) cardíaco	iḥtiʃā' (m)	إحتشاء
alergia (f)	ḥassāsiyya (f)	حسّاسيّة
asma (f)	rabw (m)	ربو
diabetes (f)	ad dā' as sukkariy (m)	الداء السكّريّ
tumor (m)	waram (m)	ورم
cancro (m)	saraṭān (m)	سرطان
alcoolismo (m)	idmān al χamr (m)	إدمان الخمر
SIDA (f)	al aydz (m)	الإيدز
febre (f)	ḥumma (f)	حمّى
enjoo (m)	duwār al baḥr (m)	دوار البحر
nódoa (f) negra	kadma (f)	كدمة
galo (m)	tawarrum (m)	تورّم
coxear (vi)	'araʒ	عرج
deslocação (f)	χal' (m)	خلع
deslocar (vt)	χala'	خلع
fratura (f)	kasr (m)	كسر
queimadura (f)	ḥarq (m)	حرق
lesão (m)	iṣāba (f)	إصابة
dor (f)	alam (m)	ألم

dor (f) de dentes	alam al asnān (m)	ألم الأسنان
suar (vi)	ʿariq	عرق
surdo	aṭraʃ	أطرش
mudo	axras	أخرس

imunidade (f)	manāʿa (f)	مناعة
vírus (m)	virūs (m)	فيروس
micróbio (m)	mikrūb (m)	ميكروب
bactéria (f)	ʒurθūma (f)	جرثومة
infeção (f)	ʿadwa (f)	عدوى

hospital (m)	mustaʃfa (m)	مستشفى
cura (f)	ʿilāʒ (m)	علاج
vacinar (vt)	laqqaḥ	لقّح
estar em coma	kān fi ḥālat ɣaybūba	كان في حالة غيبوبة
reanimação (f)	al ʿināya al murakkaza (f)	العناية المركزة
sintoma (m)	ʿaraḍ (m)	عرض
pulso (m)	nabḍ (m)	نبض

6. Sentimentos. Emoções. Conversação

eu	ana	أنا
tu (masc.)	anta	أنت
tu (fem.)	anti	أنت
ele	huwa	هو
ela	hiya	هي

nós	naḥnu	نحن
vocês	antum	أنتم
eles, -as	hum	هم
Bom dia! (formal)	as salāmu ʿalaykum!	السلام عليكم!
Bom dia! (de manhã)	ṣabāḥ al xayr!	صباح الخير!
Boa tarde!	nahārak saʿīd!	نهارك سعيد!
Boa noite!	masāʾ al xayr!	مساء الخير!

cumprimentar (vt)	sallam	سلّم
saudar (vt)	sallam ʿala	سلّم على
Como vai?	kayfa ḥāluka?	كيف حالك؟
Até à vista!	maʿ as salāma!	مع السلامة!
Obrigado! -a!	ʃukran!	شكراً!

sentimentos (m pl)	maʃāʿir (pl)	مشاعر
ter fome	arād an yaʾkul	أراد أن يأكل
ter sede	arād an yaʃrab	أراد أن يشرب
cansado	taʿbān	تعبان

preocupar-se (vp)	qalaq	قلق
estar nervoso	qalaq	قلق
esperança (f)	amal (m)	أمل
esperar (vt)	tamanna	تمنى

caráter (m)	ṭab' (m)	طبع
modesto	mutawāḍi'	متواضع
preguiçoso	kaslān	كسلان
generoso	karīm	كريم
talentoso	mawhūb	موهوب

honesto	amīn	أمين
sério	ӡādd	جادّ
tímido	χaӡūl	خجول
sincero	muχliṣ	مخلص
cobarde (m)	ӡabān (m)	جبان

dormir (vi)	nām	نام
sonho (m)	ḥulm (m)	حلم
cama (f)	sarīr (m)	سرير
almofada (f)	wisāda (f)	وسادة

insónia (f)	araq (m)	أرق
ir para a cama	ðahab ila n nawm	ذهب إلى النوم
pesadelo (m)	kābūs (m)	كابوس
despertador (m)	munabbih (m)	منبّه

sorriso (m)	ibtisāma (f)	إبتسامة
sorrir (vi)	ibtasam	إبتسم
rir (vi)	ḍaḥik	ضحك

discussão (f)	muʃāӡara (f)	مشاجرة
insulto (m)	ihāna (f)	إهانة
ofensa (f)	ḍaym (m)	ضيم
zangado	za'lān	زعلان

7. Vestuário. Acessórios pessoais

roupa (f)	malābis (pl)	ملابس
sobretudo (m)	mi'ṭaf (m)	معطف
casaco (m) de peles	mi'ṭaf farw (m)	معطف فرو
casaco, blusão (m)	ӡākīt (m)	جاكيت
impermeável (m)	mi'ṭaf lil maṭar (m)	معطف للمطر

camisa (f)	qamīṣ (m)	قميص
calças (f pl)	banṭalūn (m)	بنطلون
casaco (m) de fato	sutra (f)	سترة
fato (m)	badla (f)	بدلة

vestido (ex. ~ vermelho)	fustān (m)	فستان
saia (f)	tannūra (f)	تنّورة
T-shirt, camiseta (f)	ti ʃirt (m)	تي شيرت
roupão (m) de banho	θawb ḥammām (m)	ثوب حمّام
pijama (m)	biӡāma (f)	بيجاما
roupa (f) de trabalho	θiyāb al 'amal (m)	ثياب العمل

roupa (f) interior	malābis dāχiliyya (pl)	ملابس داخلية
peúgas (f pl)	ʒawārib (pl)	جوارب
sutiã (m)	ḥammālat ṣadr (f)	حمّالة صدر
meias-calças (f pl)	ʒawārib kulūn (pl)	جوارب كولون
meias (f pl)	ʒawārib nisā'iyya (pl)	جوارب نسائية
fato (m) de banho	libās sibāḥa (m)	لباس سباحة

chapéu (m)	qubba‘a (f)	قبّعة
calçado (m)	aḥðiya (pl)	أحذية
botas (f pl)	būt (m)	بوت
salto (m)	ka‘b (m)	كعب
atacador (m)	ʃarīṭ (m)	شريط
graxa (f) para calçado	warnīʃ al ḥiðāʾ (m)	ورنيش الحذاء

algodão (m)	quṭn (m)	قطن
lã (f)	ṣūf (m)	صوف
pele (f)	farw (m)	فرو

luvas (f pl)	quffāz (m)	قفّاز
mitenes (f pl)	quffāz muɣlaq (m)	قفّاز مغلق
cachecol (m)	ʃʃārb (m)	إيشارب
óculos (m pl)	naẓẓāra (f)	نظّارة
guarda-chuva (m)	ʃamsiyya (f)	شمسيّة

gravata (f)	karavatta (f)	كرافتة
lenço (m)	mandīl (m)	منديل
pente (m)	miʃṭ (m)	مشط
escova (f) para o cabelo	furʃat ʃa‘r (f)	فرشة شعر

fivela (f)	bukla (f)	بكلة
cinto (m)	ḥizām (m)	حزام
bolsa (f) de senhora	ʃanṭat yad (f)	شنطة يد

colarinho (m), gola (f)	yāqa (f)	ياقة
bolso (m)	ʒayb (m)	جيب
manga (f)	kumm (m)	كمّ
braguilha (f)	lisān (m)	لسان

fecho (m) de correr	zimām munzaliq (m)	زمام منزلق
botão (m)	zirr (m)	زرّ
sujar-se (vp)	tawassaχ	توسّخ
mancha (f)	buq‘a (f)	بقعة

8. Cidade. Instituições urbanas

loja (f)	maḥall (m)	محلّ
centro (m) comercial	markaz tiʒāriy (m)	مركز تجاريّ
supermercado (m)	subirmarkit (m)	سوبرماركت
sapataria (f)	maḥall aḥðiya (m)	محلّ أحذية
livraria (f)	maḥall kutub (m)	محلّ كتب

farmácia (f)	ṣaydaliyya (f)	صيدليّة
padaria (f)	maχbaz (m)	مخبز
pastelaria (f)	dukkān ḥalawāniy (m)	دكّان حلوانيَ
mercearia (f)	baqqāla (f)	بقّالة
talho (m)	malḥama (f)	ملحمة
loja (f) de legumes	dukkān χuḍār (m)	دكّان خضار
mercado (m)	sūq (f)	سوق
salão (m) de cabeleireiro	ṣālūn ḥilāqa (m)	صالون حلاقة
correios (m pl)	maktab al barīd (m)	مكتب البريد
lavandaria (f)	tanẓīf ӡāff (m)	تنظيف جافّ
circo (m)	sirk (m)	سيرك
jardim (m) zoológico	ḥadīqat al ḥayawān (f)	حديقة حيوان
teatro (m)	masraḥ (m)	مسرح
cinema (m)	sinima (f)	سينما
museu (m)	matḥaf (m)	متحف
biblioteca (f)	maktaba (f)	مكتبة
mesquita (f)	masӡid (m)	مسجد
sinagoga (f)	kanīs maʿbad yahūdiy (m)	كنيس معبد يهوديَ
catedral (f)	katidrāʾiyya (f)	كاتدرائيّة
templo (m)	maʿbad (m)	معبد
igreja (f)	kanīsa (f)	كنيسة
instituto (m)	kulliyya (m)	كلّيّة
universidade (f)	ӡāmiʿa (f)	جامعة
escola (f)	madrasa (f)	مدرسة
hotel (m)	funduq (m)	فندق
banco (m)	bank (m)	بنك
embaixada (f)	safāra (f)	سفارة
agência (f) de viagens	ʃarikat siyāḥa (f)	شركة سياحة
metro (m)	mitru (m)	مترو
hospital (m)	mustaʃfa (m)	مستشفى
posto (m) de gasolina	maḥaṭṭat banzīn (f)	محطّة بنزين
parque (m) de estacionamento	mawqif as sayyārāt (m)	موقف السيّارات
ENTRADA	duχūl	دخول
SAÍDA	χurūӡ	خروج
EMPURRE	idfaʿ	إدفع
PUXE	isḥab	إسحب
ABERTO	maftūḥ	مفتوح
FECHADO	muɣlaq	مغلق
monumento (m)	timθāl (m)	تمثال
fortaleza (f)	qalʿa (f), ḥiṣn (m)	قلعة، حصن
palácio (m)	qaṣr (m)	قصر
medieval	min al qurūn al wusṭa	من القرون الوسطى
antigo	qadīm	قديم

| nacional | waṭaniy | وَطَنيّ |
| conhecido | maʃhūr | مشهور |

9. Dinheiro. Finanças

dinheiro (m)	nuqūd (pl)	نقود
moeda (f)	qiṭʻa naqdiyya (f)	قطعة نقديّة
dólar (m)	dulār (m)	دولار
euro (m)	yuru (m)	يورو

Caixa Multibanco (m)	ṣarrāf ʼāliy (m)	صرّاف آليّ
casa (f) de câmbio	ṣarrāfa (f)	صرّافة
taxa (f) de câmbio	siʻr aṣ ṣarf (m)	سعر الصرف
dinheiro (m) vivo	nuqūd (pl)	نقود

Quanto?	bikam?	بكم؟
pagar (vt)	dafaʻ	دفع
pagamento (m)	dafʻ (m)	دفع
troco (m)	al bāqi (m)	الباقي

preço (m)	siʻr (m)	سعر
desconto (m)	χaṣm (m)	خصم
barato	raχīṣ	رخيص
caro	ɣāli	غالٍ

banco (m)	bank (m)	بنك
conta (f)	ḥisāb (m)	حساب
cartão (m) de crédito	biṭāqat iʼtimān (f)	بطاقة إئتمان
cheque (m)	ʃīk (m)	شيك
passar um cheque	katab ʃīk	كتب شيكًا
livro (m) de cheques	daftar ʃīkāt (m)	دفتر شيكات

dívida (f)	dayn (m)	دين
devedor (m)	mudīn (m)	مدين
emprestar (vt)	sallaf	سلّف
pedir emprestado	istalaf	إستلف

alugar (vestidos, etc.)	istaʼʒar	إستأجر
a crédito	bid dayn	بالدين
carteira (f)	maḥfaẓat ʒīb (f)	محفظة جيب
cofre (m)	χizāna (f)	خزانة
herança (f)	wirāθa (f)	وراثة
fortuna (riqueza)	θarwa (f)	ثروة

imposto (m)	ḍarība (f)	ضريبة
multa (f)	ɣarāma (f)	غرامة
multar (vt)	faraḍ ɣarāma	فرض غرامة

| grossista | al ʒumla | الجملة |
| a retalho | at taʒziʼa | التجزئة |

fazer um seguro	amman	أَمَّن
seguro (m)	ta'mīn (m)	تأمين
capital (m)	ra's māl (m)	رأس مال
volume (m) de negócios	dawrat ra's al māl (f)	دورة رأس المال
ação (f)	sahm (m)	سهم
lucro (m)	ribḥ (m)	ربح
lucrativo	murbiḥ	مربح
crise (f)	azma (f)	أزمة
bancarrota (f)	iflās (m)	إفلاس
entrar em falência	aflas	أفلس
contabilista (m)	muḥāsib (m)	محاسب
salário, ordenado (m)	murattab (m)	مرتَب
prémio (m)	'ilāwa (f)	علاوة

10. Transportes

autocarro (m)	bāṣ (m)	باص
elétrico (m)	trām (m)	ترام
troleicarro (m)	truli bāṣ (m)	ترولي باص
ir de ... (carro, etc.)	rakib ...	...ركب
entrar (~ no autocarro)	rakib	ركب
descer de ...	nazil min	نزل من
paragem (f)	mawqif (m)	موقف
ponto (m) final	āxir maḥaṭṭa (f)	آخر محطة
horário (m)	ӡadwal (m)	جدول
bilhete (m)	taðkira (f)	تذكرة
atrasar-se (vp)	ta'axxar	تأخر
táxi (m)	taksi (m)	تاكسي
de táxi (ir ~)	bit taksi	بالتاكسي
praça (f) de táxis	mawqif taksi (m)	موقف تاكسي
tráfego (m)	ḥarakat al murūr (f)	حركة المرور
horas (f pl) de ponta	sā'at að ðurwa (f)	ساعة الذروة
estacionar (vi)	awqaf	أوقف
metro (m)	mitru (m)	مترو
estação (f)	maḥaṭṭa (f)	محطة
comboio (m)	qiṭār (m)	قطار
estação (f)	maḥaṭṭat qiṭār (f)	محطة قطار
trilhos (m pl)	quḍubān (pl)	قضبان
compartimento (m)	ɣurfa (f)	غرفة
cama (f)	sarīr (m)	سرير
avião (m)	ṭā'ira (f)	طائرة
bilhete (m) de avião	taðkirat ṭā'ira (f)	تذكرة طائرة

companhia (f) aérea	ʃarikat ṭayarān (f)	شركة طيران
aeroporto (m)	maṭār (m)	مطار
voo (m)	ṭayarān (m)	طيران
bagagem (f)	aʃ ʃunaṭ (pl)	الشنط
carrinho (m)	ʿarabat ʃunaṭ (f)	عربة شنط
navio (m)	safīna (f)	سفينة
transatlântico (m)	bāχira siyaḥiyya (f)	باخرة سياحِيَّة
iate (m)	yaχt (m)	يخت
bote, barco (m)	markab (m)	مركب
capitão (m)	qubṭān (m)	قبطان
camarote (m)	kabīna (f)	كابينة
porto (m)	mīnāʾ (m)	ميناء
bicicleta (f)	darrāʒa (f)	درّاجة
scotter, lambreta (f)	skutir (m)	سكيتر
mota (f)	darrāʒa nāriyya (f)	درّاجة نارِيَّة
pedal (m)	dawwāsa (f)	دوّاسة
bomba (f) de ar	ṭulumba (f)	طلمبة
roda (f)	ʿaʒala (f)	عجلة
carro, automóvel (m)	sayyāra (f)	سيَّارة
ambulância (f)	isʿāf (m)	إسعاف
camião (m)	ʃāḥina (f)	شاحنة
usado	mustaʿmal	مستعمل
acidente (m) de carro	ḥādiθ sayyāra (f)	حادث سيَّارة
reparação (f)	iṣlāḥ (m)	إصلاح

11. Comida. Parte 1

carne (f)	laḥm (m)	لحم
galinha (f)	daʒāʒ (m)	دجاج
pato (m)	baṭṭa (f)	بطَّة
carne (f) de porco	laḥm al χinzīr (m)	لحم الخنزير
carne (f) de vitela	laḥm il ʿiʒl (m)	لحم العجل
carne (f) de carneiro	laḥm aḍ ḍaʾn (m)	لحم الضأن
carne (f) de vaca	laḥm al baqar (m)	لحم البقر
chouriço (m)	suʒuq (m)	سجق
ovo (m)	bayḍa (f)	بيضة
peixe (m)	samak (m)	سمك
queijo (m)	ʒubna (f)	جبنة
açúcar (m)	sukkar (m)	سكَّر
sal (m)	milḥ (m)	ملح
arroz (m)	urz (m)	أرز
massas (f pl)	makarūna (f)	مكرونة

manteiga (f)	zubda (f)	زبدة
óleo (m)	zayt (m)	زيت
pão (m)	χubz (m)	خبز
chocolate (m)	ʃukulāta (f)	شكولاتة

vinho (m)	nabīð (f)	نبيذ
café (m)	qahwa (f)	قهوة
leite (m)	ḥalīb (m)	حليب
sumo (m)	ʿaṣīr (m)	عصير
cerveja (f)	bīra (f)	بيرة
chá (m)	ʃāy (m)	شاي

tomate (m)	ṭamāṭim (f)	طماطم
pepino (m)	χiyār (m)	خيار
cenoura (f)	ʒazar (m)	جزر
batata (f)	baṭāṭis (f)	بطاطس
cebola (f)	baṣal (m)	بصل
alho (m)	θūm (m)	ثوم

couve (f)	kurumb (m)	كرنب
beterraba (f)	banʒar (m)	بنجر
beringela (f)	bātinʒān (m)	باذنجان
funcho, endro (m)	ʃabat (m)	شبت
alface (f)	χass (m)	خسّ
milho (m)	ðura (f)	ذرَة

fruta (f)	fākiha (f)	فاكهة
maçã (f)	tuffāḥa (f)	تفّاحة
pera (f)	kummaθra (f)	كمّثرى
limão (m)	laymūn (m)	ليمون
laranja (f)	burtuqāl (m)	برتقال
morango (m)	farawla (f)	فراولة

ameixa (f)	barqūq (m)	برقوق
framboesa (f)	tūt al ʿullayq al aḥmar (m)	توت العليق الأحمر
ananás (m)	ananās (m)	أناناس
banana (f)	mawz (m)	موز
melancia (f)	baṭṭīχ aḥmar (m)	بطّيخ أحمر
uva (f)	ʿinab (m)	عنب
meloa (f)	baṭṭīχ aṣfar (f)	بطّيخ أصفر

12. Comida. Parte 2

cozinha (~ portuguesa)	maṭbaχ (m)	مطبخ
receita (f)	waṣfa (f)	وصفة
comida (f)	akl (m)	أكل

tomar o pequeno-almoço	afṭar	أفطر
almoçar (vi)	taɣadda	تغدّى
jantar (vi)	taʿaʃʃa	تعشّى

sabor, gosto (m)	ṭaʿm (m)	طعم
gostoso	laðīð	لذيذ
frio	bārid	بارد
quente	sāҳin	ساخن
doce (açucarado)	musakkar	مسكّر
salgado	māliḥ	مالح
sandes (f)	sandawitʃ (m)	ساندويتش
conduto (m)	ṭabaq ӡānibiy (m)	طبق جانبيّ
recheio (m)	ḥaʃwa (f)	حشوة
molho (m)	ṣalṣa (f)	صلصة
pedaço (~ de bolo)	qiṭʿa (f)	قطعة
dieta (f)	ḥimya ɣaðāʾiyya (f)	حمية غذائية
vitamina (f)	vitamīn (m)	فيتامين
caloria (f)	suʿra ḥarāriyya (f)	سعرة حراريّة
vegetariano (m)	nabātiy (m)	نباتيّ
restaurante (m)	maṭʿam (m)	مطعم
café (m)	kafé (m), maqha (m)	كافيه، مقهى
apetite (m)	ʃahiyya (f)	شهيّة
Bom apetite!	hanīʾan marīʾan!	هنيئًا مريئًا!
empregado (m) de mesa	nādil (m)	نادل
empregada (f) de mesa	nādila (f)	نادلة
barman (m)	bārman (m)	بارمان
ementa (f)	qāʾimat aṭ ṭaʿām (f)	قائمة طعام
colher (f)	milʿaqa (f)	ملعقة
faca (f)	sikkīn (m)	سكّين
garfo (m)	ʃawka (f)	شوكة
chávena (f)	finӡān (m)	فنجان
prato (m)	ṭabaq (m)	طبق
pires (m)	ṭabaq finӡān (m)	طبق فنجان
guardanapo (m)	mandīl (m)	منديل
palito (m)	ҳallat asnān (f)	خلّة أسنان
pedir (vɩ)	ṭalab	طلب
prato (m)	waӡba (f)	وجبة
porção (f)	waӡba (f)	وجبة
entrada (f)	muqabbilāt (pl)	مقبّلات
salada (f)	sulṭa (f)	سلطة
sopa (f)	ʃūrba (f)	شورية
sobremesa (f)	ḥalawiyyāt (pl)	حلويّات
doce (m)	murabba (m)	مربّى
gelado (m)	muθallaӡāt (pl)	مثلّجات
conta (f)	ḥisāb (m)	حساب
pagar a conta	dafaʿ al ḥisāb	دفع الحساب
gorjeta (f)	baqʃīʃ (m)	بقشيش

13. Casa. Apartamento. Parte 1

casa (f)	bayt (m)	بيت
casa (f) de campo	bayt rīfiy (m)	بيت ريفيّ
vila (f)	villa (f)	فيلا
andar (m)	ṭābiq (m)	طابق
entrada (f)	madẖal (m)	مدخل
parede (f)	ḥā'iṭ (m)	حائط
telhado (m)	saqf (m)	سقف
chaminé (f)	madẖana (f)	مدخنة
sótão (m)	'ullayya (f)	عليّة
janela (f)	ʃubbāk (m)	شبّاك
parapeito (m)	raff ʃubbāk (f)	رف شبّاك
varanda (f)	ʃurfa (f)	شرفة
escada (f)	sullam (m)	سلّم
caixa (f) de correio	ṣundūq al barīd (m)	صندوق البريد
caixote (m) do lixo	ṣundūq az zubāla (m)	صندوق الزبالة
elevador (m)	miṣ'ad (m)	مصعد
eletricidade (f)	kahrabā' (m)	كهرباء
lâmpada (f)	lamba (f)	لمبة
interruptor (m)	miftāḥ (m)	مفتاح
tomada (f)	barizat al kahrabā' (f)	بريزة الكهرباء
fusível (m)	fāṣima (f)	فاصمة
porta (f)	bāb (m)	باب
maçaneta (f)	qabḍat al bāb (f)	قبضة الباب
chave (f)	miftāḥ (m)	مفتاح
tapete (m) de entrada	siʒāda (f)	سجادة
fechadura (f)	qifl al bāb (m)	قفل الباب
campainha (f)	ʒaras (m)	جرس
batida (f)	ṭarq, daqq (m)	طرق، دقّ
bater (vi)	daqq	دقّ
vigia (f), olho (m) mágico	al 'ayn as siḥriyya (m)	العين السحريّة
pátio (m)	finā' (m)	فناء
jardim (m)	ḥadīqa (f)	حديقة
piscina (f)	masbaḥ (m)	مسبح
ginásio (m)	qā'at at tamrīnāt (f)	قاعة التمرينات
campo (m) de ténis	mal'ab tinis (m)	ملعب تنس
garagem (f)	qarāʒ (m)	جراج
propriedade (f) privada	milkiyya ẖāṣṣa (f)	ملكيّة خاصّة
sinal (m) de aviso	lāfitat taḥ ̄oīr (f)	لافتة تحذير
guarda (f)	ḥirāsa (f)	حراسة
guarda (m)	ḥāris amn (m)	حارس أمن
renovação (f)	taʒdīdāt (m)	تجديدات
renovar (vt), fazer obras	ʒaddad	جدّد

arranjar (vt)	naẓẓam	نظّم
pintar (vt)	dahan	دهن
papel (m) de parede	waraq ḥīṭān (m)	ورق حيطان
envernizar (vt)	ṭala bil warnīǰ	طلى بالورنيش
tubo (m)	māsūra (f)	ماسورة
ferramentas (f pl)	adawāt (pl)	أدوات
cave (f)	sirdāb (m)	سرداب
sistema (m) de esgotos	ʃabakit il maǧāry (f)	شبكة مياه المجاري

14. Casa. Apartamento. Parte 2

apartamento (m)	ʃaqqa (f)	شقّة
quarto (m)	ɣurfa (f)	غرفة
quarto (m) de dormir	ɣurfat an nawm (f)	غرفة النوم
sala (f) de jantar	ɣurfat il akl (f)	غرفة الأكل
sala (f) de estar	ṣālat al istiqbāl (f)	صالة الإستقبال
escritório (m)	maktab (m)	مكتب
antessala (f)	madχal (m)	مدخل
quarto (m) de banho	ḥammām (m)	حمّام
quarto (m) de banho	ḥammām (m)	حمّام
chão, soalho (m)	arḍ (f)	أرض
teto (m)	saqf (m)	سقف
limpar o pó	masaḥ al ɣubār	مسح الغبار
aspirador (m)	miknasa kahrabāʼiyya (f)	مكنسة كهربائيّة
aspirar (vt)	nazzaf bi miknasa kahrabāʼiyya	نظف بمكنسة كهربائيّة
esfregona (f)	mimsaḥa ṭawīla (f)	ممسحة طويلة
pano (m), trapo (m)	mimsaḥa (f)	ممسحة
vassoura (f)	miqaʃʃa (f)	مقشّة
pá (f) de lixo	ǧārūf (m)	جاروف
mobiliário (m)	aθāθ (m)	أثاث
mesa (f)	maktab (m)	مكتب
cadeira (f)	kursiy (m)	كرسيّ
cadeirão (m)	kursiy (m)	كرسيّ
biblioteca (f)	χizānat kutub (f)	خزانة كتب
prateleira (f)	raff (m)	رفّ
guarda-vestidos (m)	dūlāb (m)	دولاب
espelho (m)	mirʼāt (f)	مرآة
tapete (m)	siǧāda (f)	سجادة
lareira (f)	midfaʼa ḥāʼiṭiyya (f)	مدفأة حائطيّة
cortinas (f pl)	satāʼir (pl)	ستائر
candeeiro (m) de mesa	miṣbāḥ aṭ ṭāwila (m)	مصباح الطاولة

lustre (m)	naʒafa (f)	نجفة
cozinha (f)	maṭbaχ (m)	مطبخ
fogão (m) a gás	butuɣāz (m)	بوتوغاز
fogão (m) elétrico	furn kaharabā'iy (m)	فرن كهربائيّ
forno (m) de micro-ondas	furn al mikruwayv (m)	فرن الميكروويف
frigorífico (m)	θallāʒa (f)	ثلاجة
congelador (m)	frīzir (m)	فريزير
máquina (f) de lavar louça	ɣassāla (f)	غسّالة
torneira (f)	ḥanafiyya (f)	حنفيّة
moedor (m) de carne	farrāmat laḥm (f)	فرّامة لحم
espremedor (m)	'aṣṣāra (f)	عصّارة
torradeira (f)	maḥmaṣat χubz (f)	محمصة خبز
batedeira (f)	χallāṭ (m)	خلّاط
máquina (f) de café	mākinat ṣan' al qahwa (f)	ماكينة صنع القهوة
chaleira (f)	barrād (m)	برّاد
bule (m)	barrād aʃʃāy (m)	برّاد الشاي
televisor (m)	tilivizyūn (m)	تليفزيون
videogravador (m)	ʒihāz tasʒīl vidiyu (m)	جهاز تسجيل فيديو
ferro (m) de engomar	makwāt (f)	مكواة
telefone (m)	hātif (m)	هاتف

15. Profissões. Estatuto social

diretor (m)	mudīr (m)	مدير
superior (m)	ra'īs (m)	رئيس
presidente (m)	ra'īs (m)	رئيس
assistente (m)	musā'id (m)	مساعد
secretário (m)	sikirtīr (m)	سكرتير
proprietário (m)	ṣāḥib (m)	صاحب
parceiro, sócio (m)	ʃarīk (m)	شريك
acionista (m)	musāhim (m)	مساهم
homem (m) de negócios	raʒul a'māl (m)	رجل أعمال
milionário (m)	milyunīr (m)	مليونير
bilionário (m)	milyardīr (m)	ملياردير
ator (m)	mumaθθil (m)	ممثّل
arquiteto (m)	muhandis mi'māriy (m)	مهندس معماريّ
banqueiro (m)	ṣāḥib maṣraf (m)	صاحب مصرف
corretor (m)	simsār (m)	سمسار
veterinário (m)	ṭabīb bayṭariy (m)	طبيب بيطريّ
médico (m)	ṭabīb (m)	طبيب
camareira (f)	'āmilat tanẓīf ɣuraf (f)	عاملة تنظيف غرف
designer (m)	muṣammim (m)	مصمّم

| correspondente (m) | murāsil (m) | مراسل |
| entregador (m) | sā'i (m) | ساع |

eletricista (m)	kahrabā'iy (m)	كهربائيّ
músico (m)	'āzif (m)	عازف
babysitter (f)	murabbiyat aṭfāl (f)	مربّية الأطفال
cabeleireiro (m)	ḥallāq (m)	حلّاق
pastor (m)	rā'i (m)	راع

cantor (m)	muɣanni (m)	مغنّ
tradutor (m)	mutarʒim (m)	مترجم
escritor (m)	kātib (m)	كاتب
carpinteiro (m)	naʒʒār (m)	نجّار
cozinheiro (m)	ṭabbāχ (m)	طبّاخ

bombeiro (m)	raʒul iṭfā' (m)	رجل إطفاء
polícia (m)	ʃurṭiy (m)	شرطيّ
carteiro (m)	sā'i al barīd (m)	ساعي البريد
programador (m)	mubarmiʒ (m)	مبرمج
vendedor (m)	bā'i' (m)	بائع

operário (m)	'āmil (m)	عامل
jardineiro (m)	bustāniy (m)	بستانيّ
canalizador (m)	sabbāk (m)	سبّاك
estomatologista (m)	ṭabīb al asnān (m)	طبيب الأسنان
hospedeira (f) de bordo	muḍīfat ṭayarān (f)	مضيفة طيران

bailarino (m)	rāqiṣ (m)	راقص
guarda-costas (m)	ḥāris ʃaχṣiy (m)	حارس شخصيّ
cientista (m)	'ālim (m)	عالم
professor (m)	mudarris madrasa (m)	مدرّس مدرسة

agricultor (m)	muzāri' (m)	مزارع
cirurgião (m)	ʒarrāḥ (m)	جرّاح
mineiro (m)	'āmil manʒam (m)	عامل منجم
cozinheiro chefe (m)	ʃāf (m)	شاف
condutor (automobilista)	sā'iq (m)	سائق

16. Desporto

tipo (m) de desporto	naw' min ar riyāḍa (m)	نوع من الرياضة
futebol (m)	kurat al qadam (f)	كرة القدم
hóquei (m)	huki (m)	هوكي
basquetebol (m)	kurat as salla (f)	كرة السلّة
beisebol (m)	kurat al qā'ida (f)	كرة القاعدة

voleibol (m)	al kura aṭ ṭā'ira (m)	الكرة الطائرة
boxe (m)	mulākama (f)	ملاكمة
luta (f)	muṣāra'a (f)	مصارعة
ténis (m)	tinis (m)	تنس

natação (f)	sibāḥa (f)	سباحة
xadrez (m)	ʃaṭranʒ (m)	شطرنج
corrida (f)	ʒary (m)	جري
atletismo (m)	alʻāb al qiwa (pl)	ألعاب القوى
patinagem (f) artistica	tazalluʒ fanniy ʻalal ʒalīd (m)	تزلّج فنّيّ على الجليد
ciclismo (m)	sibāq ad darrāʒāt (m)	سباق الدرّاجات
bilhar (m)	bilyārdu (m)	بلياردو
musculação (f)	kamāl aʒsām (m)	كمال أجسام
golfe (m)	gūlf (m)	جولف
mergulho (m)	al ɣaws taḥt al māʼ (m)	الغوص تحت الماء
vela (f)	riyāḍa ibḥār al marākib (f)	رياضة إبحار المراكب
tiro (m) com arco	rimāya (f)	رماية
tempo (m)	ʃawṭ (m)	شوط
intervalo (m)	istirāḥa ma bayn aʃ ʃawṭayn (f)	إستراحة ما بين الشوطين
empate (m)	taʻādul (m)	تعادل
empatar (vi)	taʻādal	تعادل
passadeira (f)	ʒihāz al maʃy (m)	جهاز المشي
jogador (m)	lāʻib (m)	لاعب
jogador (m) de reserva	lāʻib iḥtiyāṭiy (m)	لاعب إحتياطيّ
banco (m) de reservas	dikkat al iḥṭiāṭy (f)	دكّة الإحتياطيّ
jogo (desafio)	mubārāt (f)	مباراة
baliza (f)	marma (m)	مرمى
guarda-redes (m)	ḥāris al marma (m)	حارس المرمى
golo (m)	hadaf (m)	هدف
Jogos (m pl) Olímpicos	alʻāb ulumbiyya (pl)	ألعاب أولمبيّة
estabelecer um recorde	fāz bi raqm qiyāsiy	فاز برقم قياسيّ
final (m)	mubarāt nihāʼiyya (f)	مباراة نهائيّة
campeão (m)	baṭal (m)	بطل
campeonato (m)	buṭūla (f)	بطولة
vencedor (m)	fāʼiz (m)	فائز
vitória (f)	fawz (m)	فوز
ganhar (vi)	fāz	فاز
perder (vt)	ҳasir	خسر
medalha (f)	midāliyya (f)	ميداليّة
primeiro lugar (m)	al martaba al ūla (f)	المرتبة الأولى
segundo lugar (m)	al martaba aθ θāniya (f)	المرتبة الثانية
terceiro lugar (m)	al martaba aθ θāliθa (f)	المرتبة الثالثة
estádio (m)	malʻab (m)	ملعب
fã, adepto (m)	muʃaʒʒiʻ (m)	مشجّع
treinador (m)	mudarrib (m)	مدرّب
treino (m)	tadrīb (m)	تدريب

17. Línguas estrangeiras. Ortografia

língua (f)	luɣa (f)	لغة
estudar (vt)	daras	درس
pronúncia (f)	nutq (m)	نطق
sotaque (m)	lukna (f)	لكنة
substantivo (m)	ism (m)	إسم
adjetivo (m)	ṣifa (f)	صفة
verbo (m)	fiʻl (m)	فعل
advérbio (m)	ẓarf (m)	ظرف
pronome (m)	ḍamīr (m)	ضمير
interjeição (f)	ḥarf nidā' (m)	حرف نداء
preposição (f)	ḥarf al ʒarr (m)	حرف الجرّ
raiz (f) da palavra	ʒiðr al kalima (m)	جذر الكلمة
terminação (f)	nihāya (f)	نهاية
prefixo (m)	sābiqa (f)	سابقة
sílaba (f)	maqtaʻ lafẓiy (m)	مقطع لفظيّ
sufixo (m)	lāḥiqa (f)	لاحقة
acento (m)	nabra (f)	نبرة
ponto (m)	nuqta (f)	نقطة
vírgula (f)	fāṣila (f)	فاصلة
dois pontos (m pl)	nuqtatān ra'siyyatān (du)	نقطتان رأسيتان
reticências (f pl)	θalāθ nuqaṭ (pl)	ثلاث نقط
pergunta (f)	su'āl (m)	سؤال
ponto (m) de interrogação	'alāmat istifhām (f)	علامة إستفهام
ponto (m) de exclamação	'alāmat taʻaʒʒub (f)	علامة تعجّب
entre aspas	bayn 'alāmatay al iqtibās	بين علامتي الإقتباس
entre parênteses	bayn al qawsayn	بين القوسين
letra (f)	ḥarf (m)	حرف
letra (f) maiúscula	ḥarf kabīr (m)	حرف كبير
frase (f)	ʒumla (f)	جملة
grupo (m) de palavras	maʒmūʻa min al kalimāt (pl)	مجموعة من الكلمات
expressão (f)	'ibāra (f)	عبارة
sujeito (m)	fāʻil (m)	فاعل
predicado (m)	musnad (m)	مسند
linha (f)	saṭr (m)	سطر
parágrafo (m)	fiqra (f)	فقرة
sinónimo (m)	murādif (m)	مرادف
antónimo (m)	mutaḍādd luɣawiy (m)	متضادّ
exceção (f)	istiθnā' (m)	إستثناء
sublinhar (vt)	waḍaʻ χaṭṭ taḥt	وضع خطًا تحت
regras (f pl)	qawā'id (pl)	قواعد

gramática (f)	an naḥw waṣ ṣarf (m)	النحو والصرف
léxico (m)	mufradāt al luɣa (pl)	مفردات اللغة
fonética (f)	ṣawtīyyāt (pl)	صوتيّات
alfabeto (m)	alifbā' (m)	الفباء

manual (m) escolar	kitāb ta'līm (m)	كتاب تعليم
dicionário (m)	qāmūs (m)	قاموس
guia (m) de conversação	kitāb lil 'ibārāt aʃ ʃā'i'a (m)	كتاب للعبارت الشائعة

palavra (f)	kalima (f)	كلمة
sentido (m)	ma'na (m)	معنى
memória (f)	ðākira (f)	ذاكرة

18. A Terra. Geografia

Terra (f)	al arḍ (f)	الأرض
globo terrestre (Terra)	al kura al arḍiyya (f)	الكرة الأرضيّة
planeta (m)	kawkab (m)	كوكب

geografia (f)	ʒuɣrāfiya (f)	جغرافيا
natureza (f)	ṭabī'a (f)	طبيعة
mapa (m)	xarīṭa (f)	خريطة
atlas (m)	aṭlas (m)	أطلس

no norte	fiʃ ʃimāl	في الشمال
no sul	fil ʒanūb	في الجنوب
no oeste	fil ɣarb	في الغرب
no leste	fiʃ ʃarq	في الشرق

mar (m)	baḥr (m)	بحر
oceano (m)	muḥīṭ (m)	محيط
golfo (m)	xalīʒ (m)	خليج
estreito (m)	maḍīq (m)	مضيق

continente (m)	qārra (f)	قارّة
ilha (f)	ʒazīra (f)	جزيرة
península (f)	ʃibh ʒazīra (f)	شبه جزيرة
arquipélago (m)	maʒmū'at ʒuzur (f)	مجموعة جزر

porto (m)	mīnā' (m)	ميناء
recife (m) de coral	ʃi'āb marʒāniyya (pl)	شعاب مرجانيّة
litoral (m)	sāḥil (m)	ساحل
costa (f)	sāḥil (m)	ساحل

maré (f) alta	madd (m)	مدّ
maré (f) baixa	ʒazr (m)	جزر

latitude (f)	'arḍ (m)	عرض
longitude (f)	ṭūl (m)	طول
paralela (f)	mutawāzi (m)	متواز

equador (m)	ҳaṭṭ al istiwā' (m)	خط الإستواء
céu (m)	samā' (f)	سماء
horizonte (m)	ufuq (m)	أفق
atmosfera (f)	al ɣilāf al ʒawwiy (m)	الغلاف الجوّيَ

montanha (f)	ʒabal (m)	جبل
cume (m)	qimma (f)	قمّة
falésia (f)	ʒurf (m)	جرف
colina (f)	tall (m)	تلّ

vulcão (m)	burkān (m)	بركان
glaciar (m)	nahr ʒalīdiy (m)	نهر جليديَ
queda (f) d'água	ʃallāl (m)	شلَال
planície (f)	sahl (m)	سهل

rio (m)	nahr (m)	نهر
fonte, nascente (f)	'ayn (m)	عين
margem (do rio)	ḍiffa (f)	ضفّة
rio abaixo	f ittiʒāh maʒra an nahr	في إتجاه مجرى النهر
rio acima	ḍidd at tayyār	ضد التيَار

lago (m)	buḥayra (f)	بحيرة
barragem (f)	sadd (m)	سدّ
canal (m)	qanāt (f)	قناة
pântano (m)	mustanqa' (m)	مستنقع
gelo (m)	ʒalīd (m)	جليد

19. Países do Mundo. Parte 1

Europa (f)	urūbba (f)	أوروبّا
União (f) Europeia	al ittiḥād al urubbiy (m)	الإتَحاد الأوروبّيَ
europeu (m)	urūbbiy (m)	أوروبّيَ
europeu	urūbbiy	أوروبّيَ

Áustria (f)	an nimsa (f)	النمسا
Grã-Bretanha (f)	briṭāniya al 'uẓma (f)	بريطانيا العظمى
Inglaterra (f)	inʒiltirra (f)	إنجلتزّا
Bélgica (f)	balʒīka (f)	بلجيكا
Alemanha (f)	almāniya (f)	ألمانيا

Países (m pl) Baixos	hulanda (f)	هولندا
Holanda (f)	hulanda (f)	هولندا
Grécia (f)	al yūnān (f)	اليونان
Dinamarca (f)	ad danimārk (f)	الدانمارك
Irlanda (f)	irlanda (f)	أيرلندا

Islândia (f)	'āyslanda (f)	آيسلندا
Espanha (f)	isbāniya (f)	إسبانيا
Itália (f)	iṭāliya (f)	إيطاليا
Chipre (m)	qubruṣ (f)	قبرص

Malta (f)	malṭa (f)	مالطا
Noruega (f)	an nirwīʒ (f)	النرويج
Portugal (m)	al burtuɣāl (f)	البرتغال
Finlândia (f)	finlanda (f)	فنلندا
França (f)	faransa (f)	فرنسا
Suécia (f)	as suwayd (f)	السويد
Suíça (f)	swīsra (f)	سويسرا
Escócia (f)	iskutlanda (f)	اسكتلندا
Vaticano (m)	al vatikān (m)	الفاتيكان
Liechtenstein (m)	liʃtinʃtāyn (m)	ليشتنشتاين
Luxemburgo (m)	luksimburɣ (f)	لوكسمبورغ
Mónaco (m)	munāku (f)	موناكو
Albânia (f)	albāniya (f)	ألبانيا
Bulgária (f)	bulɣāriya (f)	بلغاريا
Hungria (f)	al maʒar (f)	المجر
Letónia (f)	lātviya (f)	لاتفيا
Lituânia (f)	litwāniya (f)	ليتوانيا
Polónia (f)	bulanda (f)	بولندا
Roménia (f)	rumāniya (f)	رومانيا
Sérvia (f)	ṣirbiya (f)	صربيا
Eslováquia (f)	sluvākiya (f)	سلوفاكيا
Croácia (f)	kruātiya (f)	كرواتيا
República (f) Checa	atʃ tʃīk (f)	التشيك
Estónia (f)	istūniya (f)	إستونيا
Bósnia e Herzegovina (f)	al busna wal hirsuk (f)	البوسنة والهرسك
Macedónia (f)	maqdūniya (f)	مقدونيا
Eslovénia (f)	sluvīniya (f)	سلوفينيا
Montenegro (m)	al ʒabal al aswad (m)	الجبل الأسود
Bielorrússia (f)	bilarūs (f)	بيلاروس
Moldávia (f)	muldāviya (f)	مولدافيا
Rússia (f)	rūsiya (f)	روسيا
Ucrânia (f)	ukrāniya (f)	أوكرانيا

20. Países do Mundo. Parte 2

Ásia (f)	'āsiya (f)	آسيا
Vietname (m)	vitnām (f)	فيتنام
Índia (f)	al hind (f)	الهند
Israel (m)	isrā'īl (f)	إسرائيل
China (f)	aṣ ṣīn (f)	الصين
Líbano (m)	lubnān (f)	لبنان
Mongólia (f)	manɣūliya (f)	منغوليا
Malásia (f)	malīziya (f)	ماليزيا
Paquistão (m)	bakistān (f)	باكستان

Arábia (f) Saudita	as saʿūdiyya (f)	السعوديّة
Tailândia (f)	taylānd (f)	تايلاند
Taiwan (m)	taywān (f)	تايوان
Turquia (f)	turkiya (f)	تركيا
Japão (m)	al yabān (f)	اليابان
Afeganistão (m)	afɣanistān (f)	أفغانستان

Bangladesh (m)	banʒladīʃ (f)	بنجلاديش
Indonésia (f)	indunīsiya (f)	إندونيسيا
Jordânia (f)	al urdun (m)	الأردن
Iraque (m)	al ʿirāq (m)	العراق
Irão (m)	īrān (f)	إيران

Camboja (f)	kambūdya (f)	كمبوديا
Kuwait (m)	al kuwayt (f)	الكويت
Laos (m)	lawus (f)	لاوس
Mianmar, Birmânia	myanmār (f)	ميانمار
Nepal (m)	nibāl (f)	نيبال

Emirados Árabes Unidos	al imārāt al ʿarabiyya al muttaḥida (pl)	الإمارات العربيّة المتّحدة
Síria (f)	sūriya (f)	سوريا
Palestina (f)	filisṭīn (f)	فلسطين
Coreia do Sul (f)	kuriya al ʒanūbiyya (f)	كوريا الجنوبيّة
Coreia do Norte (f)	kūria aʃ ʃimāliyya (f)	كوريا الشماليّة

Estados Unidos da América	al wilāyāt al muttaḥida al amrīkiyya (pl)	الولايات المتّحدة الأمريكيّة
Canadá (m)	kanada (f)	كندا
México (m)	al maksīk (f)	المكسيك
Argentina (f)	arʒantīn (f)	الأرجنتين
Brasil (m)	al brazīl (f)	البرازيل

Colômbia (f)	kulumbiya (f)	كولومبيا
Cuba (f)	kūba (f)	كوبا
Chile (m)	tʃīli (f)	تشيلي
Venezuela (f)	vinizwiyla (f)	فنزويلا
Equador (m)	al iqwadūr (f)	الإكوادور

Bahamas (f pl)	ʒuzur bahāmas (pl)	جزر باهاماس
Panamá (m)	banama (f)	بنما
Egito (m)	miṣr (f)	مصر

| Marrocos | al maɣrib (m) | المغرب |
| Tunísia (f) | tūnis (f) | تونس |

Quénia (f)	kiniya (f)	كينيا
Líbia (f)	lībiya (f)	ليبيا
África do Sul (f)	ʒumhūriyyat afrīqiya al ʒanūbiyya (f)	جمهريّة أفريقيا الجنوبيّة
Austrália (f)	usturāliya (f)	أستراليا
Nova Zelândia (f)	nyu zilanda (f)	نيوزيلندا

21. Tempo. Catástrofes naturais

tempo (m)	ţaqs (m)	طقس
previsão (f) do tempo	naʃra ʒawwiyya (f)	نشرة جوَية
temperatura (f)	ḥarāra (f)	حرارة
termómetro (m)	tirmūmitr (m)	ترمومتر
barómetro (m)	barūmitr (m)	بارومتر
sol (m)	ʃams (f)	شمس
brilhar (vi)	aḍā'	أضاء
de sol, ensolarado	muʃmis	مشمس
nascer (vi)	ʃaraq	شرق
pôr-se (vp)	ɣarab	غرب
chuva (f)	maṭar (m)	مطر
está a chover	innaha tamṭur	إنّها تمطر
chuva (f) torrencial	maṭar munhamir (f)	مطر منهمر
nuvem (f) negra	saḥābat maṭar (f)	سحابة مطر
poça (f)	birka (f)	بركة
molhar-se (vp)	ibtall	إبتلَ
trovoada (f)	'āṣifa ra'diyya (f)	عاصفة رعديَة
relâmpago (m)	barq (m)	برق
relampejar (vi)	baraq	برق
trovão (m)	ra'd (m)	رعد
está a trovejar	tar'ad as samā'	ترعد السماء
granizo (m)	maṭar bard (m)	مطر برد
está a cair granizo	tamṭur as samā' bardan	تمطر السماء بردًا
calor (m)	ḥarāra (f)	حرارة
está muito calor	al ʒaww ḥārr	الجوّ حارّ
está calor	al ʒaww dāfi'	الجوّ دافئ
está frio	al ʒaww bārid	الجوّ بارد
nevoeiro (m)	ḍabāb (m)	ضباب
de nevoeiro	muḍabbab	مضبّب
nuvem (f)	saḥāba (f)	سحابة
nublado	ɣā'im	غائم
humidade (f)	ruṭūba (f)	رطوبة
neve (f)	θalʒ (m)	ثلج
está a nevar	innaha taθluʒ	إنّها تثلج
gelo (m)	ṣaqī' (m)	صقيع
abaixo de zero	taḥt aṣ ṣifr	تحت الصفر
geada (f) branca	ṣaqī' (m)	صقيع
mau tempo (m)	ţaqs sayyi' (m)	طقس سيّء
catástrofe (f)	kāriθa (f)	كارئة
inundação (f)	fayaḍān (m)	فيضان
avalanche (f)	inhiyār θalʒiy (m)	إنهيار ثلجَي
terremoto (m)	zilzāl (m)	زلزال

abalo, tremor (m)	hazza arḍiyya (f)	هزّة أرضيّة
epicentro (m)	markaz az zilzāl (m)	مركز الزلزال
erupção (f)	θawrān (m)	ثوران
lava (f)	ḥumam burkāniyya (pl)	حمم بركانيّة

turbilhão, tornado (m)	i'ṣār (m)	إعصار
furacão (m)	i'ṣār (m)	إعصار
tsunami (m)	tsunāmi (m)	تسونامي
ciclone (m)	i'ṣār (m)	إعصار

22. Animais. Parte 1

| animal (m) | ḥayawān (m) | حيوان |
| predador (m) | ḥayawān muftaris (m) | حيوان مفترس |

tigre (m)	namir (m)	نمر
leão (m)	asad (m)	أسد
lobo (m)	ði'b (m)	ذئب
raposa (f)	θa'lab (m)	ثعلب
jaguar (m)	namir amrīkiy (m)	نمر أمريكيّ

lince (m)	waʃaq (m)	وشق
coiote (m)	qayūṭ (m)	قيوط
chacal (m)	ibn 'āwa (m)	ابن آوى
hiena (f)	ḍabu' (m)	ضبع

esquilo (m)	sinʒāb (m)	سنجاب
ouriço (m)	qumfuð (m)	قنفذ
coelho (m)	arnab (m)	أرنب
guaxinim (m)	rākūn (m)	راكون

hamster (m)	qidād (m)	قداد
toupeira (f)	χuld (m)	خلد
rato (m)	fa'r (m)	فأر
ratazana (f)	ʒurað (m)	جرذ
morcego (m)	χuffāʃ (m)	خفّاش

castor (m)	qundus (m)	قندس
cavalo (m)	ḥiṣān (m)	حصان
veado (m)	ayyil (m)	أيّل
camelo (m)	ʒamal (m)	جمل
zebra (f)	ḥimār zarad (m)	حمار زرد

baleia (f)	ḥūt (m)	حوت
foca (f)	fuqma (f)	فقمة
morsa (f)	faẓẓ (m)	فظّ
golfinho (m)	dilfīn (m)	دلفين

| urso (m) | dubb (m) | دبّ |
| macaco (em geral) | qird (m) | قرد |

elefante (m)	fīl (m)	فيل
rinoceronte (m)	χartīt (m)	خرتيت
girafa (f)	zarāfa (f)	زرافة

hipopótamo (m)	faras an nahr (m)	فرس النهر
canguru (m)	kanγar (m)	كنغر
gata (f)	qiṭṭa (f)	قطَة
cão (m)	kalb (m)	كلب

vaca (f)	baqara (f)	بقرة
touro (m)	θawr (m)	ثور
ovelha (f)	χarūf (f)	خروف
cabra (f)	mā'iz (m)	ماعز

burro (m)	ḥimār (m)	حمار
porco (m)	χinzīr (m)	خنزير
galinha (f)	daʒāʒa (f)	دجاجة
galo (m)	dīk (m)	ديك

pato (m), pata (f)	baṭṭa (f)	بطَة
ganso (m)	iwazza (f)	إوزَة
perua (f)	daʒāʒ rūmiy (m)	دجاج رومي
cão pastor (m)	kalb ra'y (m)	كلب رعي

23. Animais. Parte 2

pássaro, ave (m)	ṭā'ir (m)	طائر
pombo (m)	ḥamāma (f)	حمامة
pardal (m)	'uṣfūr (m)	عصفور
chapim-real (m)	qurquf (m)	قرقف
pega-rabuda (f)	'aq'aq (m)	عقعق

águia (f)	nasr (m)	نسر
açor (m)	bāz (m)	باز
falcão (m)	ṣaqr (m)	صقر

cisne (m)	timma (m)	تمَة
grou (m)	kurkiy (m)	كركي
cegonha (f)	laqlaq (m)	لقلق
papagaio (m)	babayā' (m)	ببغاء
pavão (m)	ṭāwūs (m)	طاووس
avestruz (f)	na'āma (f)	نعامة

garça (f)	balaʃūn (m)	بلشون
rouxinol (m)	bulbul (m)	بلبل
andorinha (f)	sunūnū (m)	سنونو
pica-pau (m)	naqqār al χaʃab (m)	نقَار الخشب
cuco (m)	waqwāq (m)	وقواق
coruja (f)	būma (f)	بومة
pinguim (m)	biṭrīq (m)	بطريق

atum (m)	tūna (f)	تونة
truta (f)	salmūn muraqqaṭ (m)	سلمون مرقّط
enguia (f)	ḥankalīs (m)	حنكليس
tubarão (m)	qirʃ (m)	قرش
caranguejo (m)	salṭaʿūn (m)	سلطعون
medusa, alforreca (f)	qindīl al baḥr (m)	قنديل البحر
polvo (m)	uxṭubūṭ (m)	أخطبوط
estrela-do-mar (f)	naʒmat al baḥr (f)	نجمة البحر
ouriço-do-mar (m)	qumfuð al baḥr (m)	قنفذ البحر
cavalo-marinho (m)	ḥiṣān al baḥr (m)	فرس البحر
camarão (m)	ʒambari (m)	جمبريّ
serpente, cobra (f)	θuʿbān (m)	ثعبان
víbora (f)	afʿa (f)	أفعى
lagarto (m)	siḥliyya (f)	سحليّة
iguana (f)	iɣwāna (f)	إغوانة
camaleão (m)	ḥirbāʾ (f)	حرباء
escorpião (m)	ʿaqrab (m)	عقرب
tartaruga (f)	sulaḥfāt (f)	سلحفاة
rã (f)	ḍifḍaʿ (m)	ضفدع
crocodilo (m)	timsāḥ (m)	تمساح
inseto (m)	ḥaʃara (f)	حشرة
borboleta (f)	farāʃa (f)	فراشة
formiga (f)	namla (f)	نملة
mosca (f)	ðubāba (f)	ذبابة
mosquito (m)	namūsa (f)	ناموسة
escaravelho (m)	xunfusa (f)	خنفسة
abelha (f)	naḥla (f)	نملة
aranha (f)	ʿankabūt (m)	عنكبوت

24. Árvores. Plantas

árvore (f)	ʃaʒara (f)	شجرة
bétula (f)	batūla (f)	بتولا
carvalho (m)	ballūṭ (f)	بلّوط
tília (f)	ʃaʒarat zayzafūn (f)	شجرة زيزفون
choupo-tremedor (m)	ḥawr raʒrāʒ (m)	حور رجراج
bordo (m)	qayqab (f)	قيقب
espruce-europeu (m)	ratinaʒ (f)	راتينج
pinheiro (m)	ṣanawbar (f)	صنوبر
cedro (m)	arz (f)	أرز
choupo, álamo (m)	ḥawr (f)	حور
tramazeira (f)	ɣubayrāʾ (f)	غبيراء

faia (f)	zān (m)	زان
ulmeiro (m)	dardār (f)	دردار
freixo (m)	marān (f)	مران
castanheiro (m)	kastanā' (f)	كستناء
palmeira (f)	naχla (f)	نخلة
arbusto (m)	ʃuʒayra (f)	شجيرة
cogumelo (m)	futr (f)	فطر
cogumelo (m) venenoso	futr sāmm (m)	فطر سامّ
cepe-de-bordéus (m)	futr bulīṭ ma'kūl (m)	فطر بوليط مأكول
rússula (f)	futr russūla (m)	فطر روسّولا
agário-das-moscas (m)	futr amānīt aṭ ṭā'ir as sāmm (m)	فطر أمانيت الطائر السامّ
cicuta (f) verde	futr amānīt falusyāniy as sāmm (m)	فطر أمانيت فالوسياني السامّ
flor (f)	zahra (f)	زهرة
ramo (m) de flores	bāqat zuhūr (f)	باقة زهور
rosa (f)	warda (f)	وردة
tulipa (f)	tulīb (f)	توليب
cravo (m)	qurumful (m)	قرنفل
camomila (f)	babunʒ (m)	بابونج
cato (m)	ṣabbār (m)	صبّار
lírio-do-vale (m)	sawsan al wādi (m)	سوسن الوادي
campânula-branca (f)	zahrat al laban (f)	زهرة اللبن
nenúfar (m)	nilūfar (m)	نيلوفر
estufa (f)	dafi'a (f)	دفيئة
relvado (m)	'uʃb (m)	عشب
canteiro (m) de flores	ʒunaynat zuhūr (f)	جنينة زهور
planta (f)	nabāt (m)	نبات
erva (f)	'uʃb (m)	عشب
folha (f)	waraqa (f)	ورقة
pétala (f)	waraqat az zahra (f)	ورقة الزهرة
talo (m)	sāq (f)	ساق
broto, rebento (m)	nabta saɣīra (f)	نبتة صغيرة
cereais (plantas)	maḥāṣīl al ḥubūb (pl)	محاصيل الحبوب
trigo (m)	qamḥ (m)	قمح
centeio (m)	ʒāwdār (m)	جاودار
aveia (f)	ʃūfān (m)	شوفان
milho-miúdo (m)	duχn (m)	دخن
cevada (f)	ʃa'īr (m)	شعير
milho (m)	ðura (f)	ذرَة
arroz (m)	urz (m)	أرز

25. Várias palavras úteis

ajuda (f)	musã'ada (f)	مساعدة
base (f)	asãs (m)	أساس
categoria (f)	fi'a (f)	فئة
coincidência (f)	ṣudfa (f)	صدفة
começo (m)	bidãya (f)	بداية
comparação (f)	muqãrana (f)	مقارنة
desenvolvimento (m)	tanmiya (f)	تنمية
diferença (f)	farq (m)	فرق
efeito (m)	ta'θĩr (m)	تأثير
elemento (m)	'unṣur (m)	عنصر
equilíbrio (m)	tawãzun (m)	توازن
erro (m)	χaṭa' (m)	خطأ
esforço (m)	ʒuhd (m)	جهد
estilo (m)	uslũb (m)	أسلوب
exemplo (m)	miθãl (m)	مثال
facto (m)	ḥaqĩqa (f)	حقيقة
forma (f)	ʃakl (m)	شكل
género (tipo)	naw' (m)	نوع
grau (m)	daraʒa (f)	درجة
ideal	miθãl (m)	مثال
mistério (m)	sirr (m)	سرّ
modo (m)	ṭarĩqa (f)	طريقة
momento (m)	laḥza (f)	لمظة
obstáculo (m)	'aqba (f)	عقبة
padrão	qiyãsiy	قياسيّ
paragem (pausa)	istirãḥa (f)	إستراحة
parte (f)	ʒuz' (m)	جزء
pausa (f)	istirãḥa (f)	إستراحة
posição (f)	mawqif (m)	موقف
problema (m)	muʃkila (f)	مشكلة
processo (m)	'amaliyya (f)	عمليّة
progresso (m)	taqaddum (m)	تقدّم
propriedade (f)	χaṣṣa (f)	خاصّة
reação (f)	radd fi'l (m)	ردّ فعل
risco (m)	muχãṭara (f)	مخاطرة
ritmo (m)	sur'a (f)	سرعة
série (f)	silsila (f)	سلسلة
sistema (m)	niẓãm (m)	نظام
situação (f)	ḥãla (f), waḍ' (m)	حالة, وضع
solução (f)	ḥall (m)	حلّ

tabela (f)	ӡadwal (m)	جدول
termo (ex. ~ técnico)	muṣṭalaḥ (m)	مصطلح
urgente	'āӡil	عاجل
utilidade (f)	manfa'a (f)	منفعة
variante (f)	ʃakl muxtalif (m)	شكل مختلف

variedade (f)	ixtiyār (m)	إختيار
verdade (f)	ḥaqīqa (f)	حقيقة
vez (f)	dawr (m)	دور
zona (f)	mintaqa (f)	منطقة

26. Modificadores. Adjetivos. Parte 1

aberto	maftūḥ	مفتوح
afiado	ḥādd	حادّ
alto (ex. voz ~a)	'āli	عالٍ
amargo	murr	مرّ
amplo	wāsi'	واسع

antigo	qadīm	قديم
arriscado	xaṭir	خطر
artificial	ṣinā'iy	صناعيّ
azedo	ḥāmiḍ	حامض

baixo (voz ~a)	munxafiḍ	منخفض
bonito	ӡamīl	جميل
bronzeado	asmar	أسمر
burro, estúpido	ɣabiy	غبيّ

cego	a'ma	أعمى
central	markaziy	مركزيّ
cheio (ex. copo ~)	malyān	مليان
clandestino	sirriy	سرّيّ

compatível	mutawāfiq	متوافق
comum, normal	'ādiy	عاديّ
congelado	muӡammad	مجمّد
contente	rāḍi	راضٍ

contínuo	mumtadd	ممتدّ
contrário (ex. o efeito ~)	muqābil	مقابل
cru (não cozinhado)	nayy	نيّ
curto	qaṣīr	قصير
denso (fumo, etc.)	kaθīf	كثيف

difícil	ṣa'b	صعب
direito	al yamīn	اليمين
doce (açucarado)	musakkar	مسكّر
doce (água)	'aðb	عذب
doente	marīḍ	مريض

duro (material ~)	ʒāmid	جامد
educado	mu'addab	مؤدّب
enigmático	ɣarīb	غريب
enorme	ḍaχm	ضخم
especial	χāṣṣ	خاص
esquerdo	al yasār	اليسار
estreito	ḍayyiq	ضيّق
exato	daqīq	دقيق
excelente	mumtāz	ممتاز
excessivo	mufriṭ	مفرط
externo	χāriʒiy	خارجيّ
fácil	sahl	سهل
feliz	saʿīd	سعيد
fértil (terreno ~)	χaṣib	خصب
forte (pessoa ~)	qawiy	قويّ
frágil	haʃʃ	هشّ
gostoso	laðīð	لذيذ
grande	kabīr	كبير
gratuito, grátis	maʒʒāniy	مجّانيّ

27. Modificadores. Adjetivos. Parte 2

imóvel	θābit	ثابت
importante	muhimm	مهمّ
infantil	lil aṭfāl	للأطفال
inteligente	ðakiy	ذكيّ
interno	dāχiliy	داخليّ
legal	qānūniy, ʃarʿiy	قانونيّ، شرعيّ
leve	χafīf	خفيف
limpo	naẓīf	نظيف
líquido	sā'il	سائل
liso	amlas	أملس
longo (ex. cabelos ~s)	ṭawīl	طويل
maduro (ex. fruto ~)	nāḍiʒ	ناضج
mate, baço	munṭafi'	منطفئ
mau	sayyi'	سيّئ
mole	ṭariy	طريّ
morto	mayyit	ميّت
não difícil	ɣayr ṣaʿb	غير صعب
não é clara	ɣayr wāḍiḥ	غير واضح
natal (país ~)	aṣliy	أصليّ
negativo	salbiy	سلبيّ
normal	ʿādiy	عاديّ
novo	ʒadīd	جديد

obrigatório	ḍarūriy	ضروريَ
original	aṣliy	أصليَ
passado	māḍi	ماضٍ

pequeno	ṣaɣīr	صغير
perigoso	xaṭīr	خطير
pessoal	ʃaxṣiy	شخصيَ
pobre	faqīr	فقير
possível	mumkin	ممكن

pouco fundo	ḍaḥl	ضحل
primeiro (principal)	asāsiy	أساسيَ
principal	raʔisi	رئيسي
provável	muḥtamal	محتمَل
rápido	sarīʕ	سريع

raro	nādir	نادر
reto	mustaqīm	مستقيم
seguinte	muqbil	مقبل
similar	ʃabīh	شبيه
soberbo	mumtāz	ممتاز

social	ʕāmm	عامَ
sólido	matīn	متين
sujo	wasix	وسخ
suplementar	iḍāfiy	إضافيَ

triste (um ar ~)	ḥazīn	حزين
último	ʔāxir	آخر
usado	mustaʕmal	مستعمل
vazio (meio ~)	xāli	خال
velho	qadīm	قديم

28. Verbos. Parte 1

abrir (vt)	fataḥ	فتح
acabar, terminar (vt)	atamm	أتمَ
acusar (vt)	ittaham	إتهم
agradecer (vt)	ʃakar	شكر
ajudar (vt)	sāʕad	ساعد
almoçar (vi)	taɣadda	تغدَى

alugar (~ um apartamento)	istaʔʒar	إستأجر
amar (vt)	aḥabb	أحبَ
anular, cancelar (vt)	alɣa	ألغى
anunciar (vt)	aʕlan	أعلن
apagar, eliminar (vt)	masaḥ	مسح
apanhar (vt)	amsak	أمسك
arrumar, limpar (vt)	rattab	رتَب
assinar (vt)	waqqaʕ	وقَع

atirar, disparar (vi)	aṭlaq an nār	أطلق النار
bater (espancar)	ḍarab	ضرب
bater-se (vp)	ta'ārak	تعارك
beber, tomar (vt)	ʃarib	شرب
brincar (vi)	mazaḥ	مزح
brincar, jogar (crianças)	la'ib	لعب
caçar (vi)	iṣṭād	إصطاد
cair (vi)	saqaṭ	سقط
cantar (vi)	ɣanna	غنّى
cavar (vt)	ḥafar	حفر
cessar (vt)	tawaqqaf	توقّف
chegar (vi)	waṣal	وصل
chorar (vi)	baka	بكى
começar (vt)	bada'	بدأ
comer (vt)	akal	أكل
comparar (vt)	qāran	قارن
comprar (vt)	iʃtara	إشترى
compreender (vt)	fahim	فهم
confiar (vt)	waθiq	وثق
confirmar (vt)	aθbat	أثبت
conhecer (vt)	'araf	عرف
construir (vt)	bana	بنى
contar (fazer contas)	'add	عدّ
contar (vt)	ḥaddaθ	حدّث
contar com (esperar)	i'tamad 'ala ...	...إعتمد على
convidar (vt)	da'a	دعا
copiar (vt)	nasaχ	نسخ
correr (vi)	ʒara	جرى
crer (vt)	'āman	آمن
criar (vt)	χalaq	خلق
custar (vt)	kallaf	كلّف

29. Verbos. Parte 2

dançar (vi)	raqaṣ	رقص
dar (vt)	a'ṭa	أعطى
decidir (vt)	qarrar	قرّر
deixar cair (vt)	awqa'	أوقع
depender de ... (vi)	ta'allaq bi ...	...تعلّق بـ
desaparecer (vi)	iχtafa	إختفى
desculpar (vt)	'aðar	عذر
desculpar-se (vp)	i'taðar	إعتذر
desligar (vt)	ṭaffa	طفّى
desprezar (vt)	iḥtaqar	إحتقر

discutir (notícias, etc.)	nāqaʃ	ناقش
divorciar-se (vp)	ṭallaq	طلّق
dizer (vt)	qāl	قال
duvidar (vt)	ʃakk fi	شكّ في
encontrar (achar)	waʒad	وجد

encontrar-se (vp)	qābal	قابل
enganar (vt)	χada'	خدع
enviar (uma carta)	arsal	أرسل
errar (equivocar-se)	aχṭa'	أخطأ
escolher (vt)	iχṭār	إختار
esconder (vt)	χaba'	خبأ
escrever (vt)	katab	كتب
esperar (o autocarro, etc.)	inṭazar	إنتظر
esperar (ter esperança)	tamanna	تمنى
esquecer (vi, vt)	nasiy	نسي

estar ausente	ɣāb	غاب
estar com pressa	ista'ʒal	إستعجل
estar com pressa	ista'ʒal	إستعجل
estar de acordo	ittafaq	إتّفق
estudar (vt)	daras	درس
exigir (vt)	ṭālib	طالب
existir (vi)	kān mawʒūd	كان موجودًا
explicar (vt)	ʃaraḥ	شرح
falar (vi)	takallam	تكلّم
falar com …	takallam ma'a …	تكلّم مع...

faltar (clases, etc.)	ɣāb	غاب
fazer (vt)	'amal	عمل
fazer, preparar (vt)	ḥaḍḍar	حضّر
fechar (vt)	aɣlaq	أغلق
felicitar (vt)	hanna'	هنّأ

ficar cansado	ta'ib	تعب
gostar (apreciar)	a'ʒab	أعجب
gritar (vi)	ṣaraχ	صرخ
guardar (cartas, etc.)	ḥafaẓ	حفظ
insistir (vi)	aṣarr	أصرّ

insultar (vt)	ahān	أهان
ir (a pé)	maʃa	مشى
jantar (vi)	ta'aʃʃa	تعشّى
ler (vt)	qara'	قرأ
ligar (vt)	fataḥ, ʃaɣɣal	فتح, شغّل

30. Verbos. Parte 3

| matar (vt) | qatal | قتل |
| mergulhar (vi) | ɣāṣ | غاص |

morrer (vi)	māt	مات
mostrar (vt)	ʿaraḍ	عرض
mudar (modificar)	ɣayyar	غيّر

nadar (vi)	sabaḥ	سبح
nascer (vi)	wulid	وُلد
negar (vt)	ankar	أنكر
obedecer (vt)	ṭāʿ	طاع
odiar (vt)	karah	كره

olhar para ...	naẓar	نظر
ouvir (vt)	samiʿ	سمع
pagar (vt)	dafaʿ	دفع
participar (vi)	iʃtarak	إشترك
pegar (tomar)	aχað	أخذ

pensar (vt)	ẓann	ظنّ
perder (o guarda-chuva, etc.)	faqad	فقد
perdoar (vt)	ʿafa	عفا
perguntar (vt)	saʾal	سأل
permitir (vt)	samaḥ	سمح

pertencer (vt)	χaṣṣ	خصّ
perturbar (vt)	azʿaʒ	أزعج
poder (v aux)	istaṭāʿ	إستطاع
poder (v aux)	istaṭāʿ	إستطاع
prever (vt)	tanabbaʾ	تنبّأ

proibir (vt)	manaʿ	منع
prometer (vt)	waʿad	وعد
propor (vt)	iqtaraḥ	إقترح
provar (vt)	aθbat	أثبت
quebrar (vt)	kasar	كسر

queixar-se (vp)	ʃaka	شكا
querer (desejar)	arād	أراد
receber (vt)	istalam	إستلم
repetir (dizer outra vez)	karrar	كرّر
reservar (~ um quarto)	ḥaʒaz	حجز
responder (vt)	aʒāb	أجاب

rezar, orar (vi)	ṣalla	صلّى
roubar (vt)	saraq	سرق
saber (vt)	ʿaraf	عرف
salvar (vt)	anqað	أنقذ
secar (vt)	ʒaffaf	جفّف

sentar-se (vp)	ʒalas	جلس
sorrir (vi)	ibtasam	إبتسم
tentar (vt)	ḥāwal	حاول
ter (vt)	malak	ملك

ter medo	χāf	خاف
terminar (vt)	anha	أنهى
tomar o pequeno-almoço	afṭar	أفطر
trabalhar (vi)	'amal	عمل
traduzir (vt)	tarʒam	ترجم
vender (vt)	bā'	باع
ver (vt)	ra'a	رأى
verificar (vt)	iχtabar	إختبر
virar (ex. ~ à direita)	in'aṭaf	إنعطف
voar (vi)	ṭār	طار